대한민국 한자 자격 검정시험 대비를 위한

급수한자자격
기출예상문제집

지능·신기교육
borambook.co.kr

한자를 알면 미래가 보인다.

이 책은 社團法人 韓國民間資格協會
資格管理者인 한국서예한자자격협회 등이
시행하는 대한민국 한자자격검정시험을 위한
문제은행식 예상문제집으로 출간되었다,
이 책에 실린 문제는 실전문제를 수록하였을 뿐만
아니라 문제집 앞부분에 각 급수마다 배정한자의
훈음은 물론 전 단계 급수 배정한자의 훈음도 함께 실어
한자자격검정시험을 준비하는 수험생의
입장에서 편집하였다.
또한 매 급수마다 배정한자를 활용한 단어와 뜻을 국어 사전식으로
배열하여 어휘력 증진은 물론 자습서 역할도 할 수 있도록
세심한 배려를 하였다.
이와 같이 여러 가지 유형을 알고 읽고 쓸 줄 안다면
그야말로 해당 급수에서 진정한 실력으로
급수자격을 획득할 수 있으리라 확신하여
社團法人 韓國書藝漢字敎育開發院과 한국서예한자자격
협회에서는 1년여의 출제기간을 거쳐
이 문제집을 藝文觀을 통하여
출간하게 되었다.

이 책의 특징

1. 앞 단계 배정한자를 포함한 급수별 배정한자의 훈음을 실었다.

2. 앞 단계 배정한자를 포함하여 문제를 출제하였다.

3. 배정한자의 쓰기본을 실어 누구나 쉽게 익힐 수 있도록 하였다.

4. 각 급수별 선정된 한자의 대표적 훈음을 동아 신활용옥편 (동아출판사1995)을 참고하여 실어 수험생의 자습서 역할도 할 수 있도록 하였다.

5. 각 급수별로 배정된 한자를 훈음 써보기 난과 훈음을 한자로 바꿔 써보기 난을 두어 문제를 풀어보기 전에 배정한자의 훈음을 익힐 수 있도록 하였다.

6. 급수별 배정한자를 활용한 단어와 뜻을 실어 어휘력 향상에도 도움이 될 수 있도록 하였다.

7. 문제의 모범답안을 실어 스스로 실력을 점검해 볼 수 있도록 하였다.

8. 단어를 펜글씨로 써보기 란을 두어 예쁜 글씨를 쓰면서 단어를 익힐 수 있도록 하였다.

■ 출제기준표

문 제 유 평		급수별 분항 비율(%)							예 제
		7급	준6급	6급	준5급 5급	준4급 4급	준3급 3급	2급 1급	
읽기	한자어 독음 쓰기	25	10	20	20	20	20	10	孝道(효도)
	문장속 한자어 독음쓰기	*	5	10	10	10	10	10	孝道(효도)는 모든 행실의 근본이다.
	한자훈음쓰기	15	14	20	20	20	20	20	孝(효도효)
쓰기	낱말풀이보고 바꿔쓰기	*	2	5	5	5	5	5	효도:부모를 잘 섬기는 도리=(孝道)
	문장속 낱말 바꿔쓰기	*	5	10	10	10	10	20	효도(孝道)는 모든 행실의 근본이다.
	훈음에 맞는 한자쓰기	*	8	20	20	20	20	25	효도 효(孝)
기타	고사성어 및 사자성어	*	2	2	2	2	2	2	죽어서도 은혜를 갚는다는 뜻을 가진 고사성어는? (結草報恩) 혹은 뜻을 쓰기
	맞는 것 끼리 연결하기	10	*	*	*	*	*	*	서로 맞는 것 끼리 연결하시오.
	반의자 및 동의자	*	2	4	4	4	4	4	다음 한자의 반의자 (동의자)를 쓰시오.
	한자어 뜻쓰기	*	1	4	4	4	4	4	孝道:(부모를 잘 섬기는 도리)
	사지선답형	*	*	3	3	3	3	*	다음 뜻이 다르게 쓰인 것은? ①音樂 ②樂器 ③農樂 ④娛樂
	부수 및 획수	*	1	2	2	2	2	2	다음 한자의 부수 및 총획수를 쓰시오.

※ 1. 7급. 준6급(50문항)을 제외한 각 급수별 공히 출제 문항수는 100문항
2. 한자어 독음쓰기, 한자 훈음 쓰기, 훈음에 맞는 한자쓰기는 2급부터 1급은 1문제당 두 개씩 출제하며 하나만 맞을 경우 0.5점 처리
3. 각 급수 공히 전단계 해당한자에서 40%, 현단계 해당한자에서 60% 출제함.

■ 각급수별 배정한자

급 수	급수별 배정한자수	비 고	급 수	급수별 배정한자수	비 고
8급	50	교육부 선정 상용한자	준3급	1,400	교육부 선정 상용한자
7급	100		3급	1,800	
6급	250		2급	2,400	
준5급	400		1급	3,500	학술연구 전문한자
5급	600		사범2급	4,000	
준4급	800		사범1급	5,000	
4급	1,000		▷사범 논술시험 100점 추가		

차 례

머리말 ·· 2

이 책의 특징 ··· 3

출제 기준표 ·· 4

차례 ·· 5

한자의 원리 ·· 6

필순과 부수 명칭 ··· 7

배정한자 훈음 ··· 8

습자본 ··· 9

한자와 훈음 쓰기 ·· 19

한자 써보기 펜글씨본 ·· 25

기출문제(5회) ·· 31

예상문제(20회) ·· 41

모범답안 ·· 81

한자의 원리

(1)한자의 원리

漢字는 모양(形, 형), 소리(音, 음), 뜻(義, 의)의 3요소로 이루어진 글자로서, 이들 3요소를 결합 원리로 삼고 있다. 이 원리를 육서(六書)라고 하며, 다음과 같이 분류한다.

① 사물의 모양을 본뜬 글자-상형자 (象形字)

처음 한자를 만들 때에는 사물의 모양을 그대로 본떠 글자를 만들었으나 차츰 간단하게 정리되었다. 대개 자연 현상, 인체, 동물과 식물 등을 뜻하는 한자들이 여기에 속한다.

예) ☀ → 日,　〗 → 月,　☂ → 雨

② 생각이나 뜻을 부호로 나타낸 글자-지사자 (指事字)

눈에 보이지 않는 사물의 수나 양, 위치 등을 추상적이고 상징적으로 나타낸 글자다. 물체의 모양으로는 구체적으로 나타낼 수 없는 대상을, 일정한 기준에 따라 선이나 점으로 나타낸다.

예) 上, 下, 中

③ 뜻과 뜻을 합한 글자-회의자 (會意字)

이미 만들어진 둘 이상의 글자를 결합하는 방법으로, 그 글자들의 본래 뜻을 살려 새 뜻을 나타내고, 음은 그 글자들과 다른 새로운 음을 취한다.

예) 日 + 月 = 明 ,　亻 + 木 = 休,　木 + 木 = 林

④ 뜻과 음을 합한 글자-형성자(形聲字)

두 글자 이상이 결합하는 것은 회의와 같으나, 한 글자에서는 뜻을, 다른 글자에서는 음을 따 하나의 한자를 만든다는 점에서 회의와 차이가 있다. 이 형성자는 그 수가 매우 많다.

예) 頭 = 豆(두) + 頁(머리),　校 = 木(목) + 交(사귀다)

⑤ 다른 뜻으로 활용되는 글자-전주자 (轉注字)

한 글자의 뜻이 그 비슷한 뜻 안에서 바뀌어 사용되는 경우를 말한다. '樂'은 '음악'이란 뜻인데, 음악을 하면 즐겁고 좋으므로 '즐겁다, 좋다' 라는 뜻으로도 쓰이는 것이 그 예이다.

예) 樂 (풍류악 → 즐거울락 → 좋아할요)

⑥ 음이나 모양을 빌려쓰는 글자-가차자 (假借字)

이미 지니고 있는 의미와는 상관없이 그 글자의 음이나 모양을 빌려서 다른 사물을 나타내는 방법이다. 동물의 울음소리, 한자의 조사, 외래어 등을 표기할 때 쓰인다.

예)France(프랑스) → 佛蘭西,　Asia(아시아) → 亞細亞

1670@yohoobok.o.kr

서울송로 송로1
체부법 2076-04
54-6면

도서출판 지음, 신기교육
도서출판 **보람도서**

인터넷: www.borambook.co.kr
이메일: boram@borambook.co.kr
주소: 서울 금천구 남부순환로 1432
(독산동 901-9번지 남부빌딩 3층 301호)
전화: (02)856-4983, (02)844-7130
010-5250-7130
팩스: (02)856-4984

2021.04.14

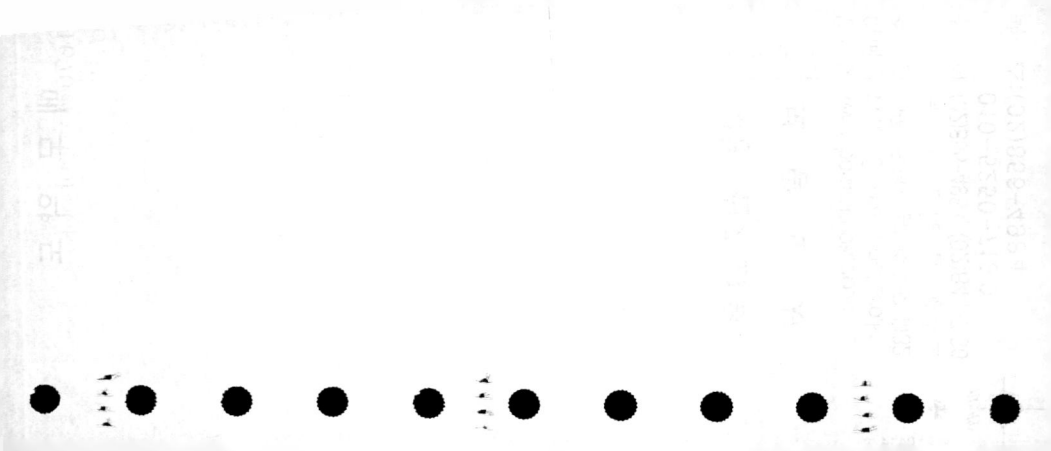

한자 쓰기의 바른 순서-필순

1. 위에서 아래로 쓴다.(二, 吉)
2. 왼쪽에서 오른쪽으로 쓴다.(川, 加)
3. 가로획을 먼저 쓴다.(十, 世)
4. 세로획을 먼저 쓴다.(田, 日)
5. 바깥 부분을 먼저 쓴다.(火, 同)
6. 가운데를 먼저 쓴다.(山, 小)
7. 꿰뚫는 세로획은 맨 나중에 쓴다.(中, 事)
8. 꿰뚫는 가로획은 맨 나중에 쓴다.(子, 母)
9. 삐침 먼저, 파임 나중의 순서로 쓴다.(又, 父)
10. 왼쪽 위 점은 맨 나중에 찍는다.(犬, 式)
11. 받침은 맨 나중에 쓴다.(近, 建)
12. 가로획이 위, 삐침이 아래인 것은 가로획을 먼저 쓴다.(虎, 原)
13. 삐침이 위, 가로획이 아래인 것은 삐침을 먼저 쓴다.(戊, 成)
14. 왼쪽 획이 아래 획과 연결되면 왼쪽 획을 나중에 쓴다.(也, 足)

옥편 찾는 법 (부수의 명칭)

1 一(한일) 2 丨(뚫을곤) 3 丶(점) 4 丿(삐침) 5 乙(새을) 6 亅(갈고리궐) 7 二(두이) 8 亠(돼지해머리) 9 人(亻)(사람인변) 10 儿(어진사람인발) 11 入(들입) 12 八(여덟팔) 13 冂(멀경몸) 14 冖(민갓머리) 15 冫(이수변) 16 几(안석궤) 17 凵(위튼입구몸) 18 刀(刂)(칼도방) 19 力(힘력) 20 勹(쌀포몸) 21 匕(비수비) 22 匚(감출혜몸) 23 匸(튼입구몸) 24 十(열십) 25 卜(점칠복) 26 卩(㔾)(병부절) 27 厂(민엄호) 28 厶(마늘모) 29 又(또우) 30 口(입구) 31 囗(큰입구몸) 32 土(흙토) 33 士(선비사) 34 夂(뒤져올치) 35 夊(천천히걸을쇠발) 36 夕(저녁석) 37 大(큰대) 38 女(계집녀) 39 子(아들자) 40 宀(갓머리) 41 寸(마디촌) 42 小(작을소) 43 尢(兀)(절름발이왕) 44 尸(주검시엄) 45 屮(왼손좌) 46 山(메산) 47 巛(개미허리) 48 工(장인공) 49 己(몸기) 50 巾(수건건) 51 干(방패간) 52 幺(작을요) 53 广(엄호) 54 廴(민책받침) 55 廾(스물입발) 56 弋(주살익) 57 弓(활궁) 58 彐(彑,彐)(튼가로왈) 59 彡(터럭삼방) 60 彳(두인변) 61 忄(心)(심방변,마음심) 62 扌(手)(재방변,손수) 63 犭(犬)(개사슴록변,개견) 64 阝(邑)(우부방,고을읍) 65 阝(阜)(좌부변,언덕부) 66 戈(창과) 67 戶(지게호) 68 支(지탱할지) 69 攴(攵)(등글월문) 70 文(글월문) 71 斗(말두) 72 斤(도끼근) 73 方(모방) 74 无(이미기방) 75 日(날일) 76 曰(가로왈) 77 月(달월) 78 木(나무목) 79 欠(하품흠방) 80 止(그칠지) 81 歹(歺)(죽을사변) 82 殳(갖은등글월문) 83 毋(말무) 84 比(견줄비) 85 毛(터럭모) 86 氏(각시씨) 87 气(기운기엄) 88 水(氵)(물수,삼수) 89 火(灬)(불화) 90 爪(爫)(손톱조머리) 91 父(아비부) 92 爻(점괘효) 93 爿(장수장변) 94 片(조각편) 95 牙(어금니아) 96 牛(牜)(소우) 97 玉(王)(구슬옥) 98 耂(老)(늙을로엄) 99 艹(艸)(초두) 100 辶(辵)(책받침) 101 玄(검을현) 102 瓜(오이과) 103 瓦(기와와) 104 甘(달감) 105 生(날생) 106 用(쓸용) 107 田(밭전) 108 疋(필필) 109 疒(병질엄) 110 癶(필발머리) 111 白(흰백) 112 皮(가죽피) 113 皿(그릇명) 114 目(눈목) 115 矛(창모) 116 矢(화살시) 117 石(돌석) 118 示(礻)(보일시) 119 禸(짐승발자국유) 120 禾(벼화) 121 穴(구멍혈) 122 立(설립) 123 竹(대죽) 124 米(쌀미) 125 糸(실사) 126 缶(장군부) 127 网(冈,罒)(그물망) 128 羊(양양) 129 羽(깃우) 130 而(말이을이) 131 耒(쟁기뢰) 132 耳(귀이) 133 聿(오직율) 134 肉(月)(고기육) 135 臣(신하신) 136 自(스스로자) 137 至(이를지) 138 臼(절구구) 139 舌(혀설) 140 舛(어그러질천) 141 舟(배주) 142 艮(머무를간) 143 色(빛색) 144 虍(범호엄) 145 虫(벌레훼) 146 血(피혈) 147 行(다닐행) 148 衣(衤)(옷의) 149 襾(덮을아) 150 見(볼견) 151 角(뿔각) 152 言(말씀언) 153 谷(골곡) 154 豆(콩두) 155 豕(돼지시) 156 豸(발없는벌레치) 157 貝(조개패) 158 赤(붉을적) 159 走(달릴주) 160 足(발족) 161 身(몸신) 162 車(수레거) 163 辛(매울신) 164 辰(별진) 165 酉(닭유) 166 釆(분별할채) 167 里(마을리) 168 金(쇠금) 169 長(긴장) 170 門(문문) 171 隶(미칠이) 172 隹(새추) 173 雨(비우) 174 靑(푸를청) 175 非(아닐비) 176 面(낯면) 177 革(가죽혁) 178 韋(가죽위) 179 韭(부추구) 180 音(소리음) 181 頁(머리혈) 182 風(바람풍) 183 飛(날비) 184 食(밥식) 185 首(머리수) 186 香(향기향) 187 馬(말마) 188 骨(뼈골) 189 高(높을고) 190 髟(긴털드리울표) 191 鬥(싸울투) 192 鬯(울창주) 193 鬲(다리굽은솥력) 194 鬼(귀신귀) 195 魚(물고기어) 196 鳥(새조) 197 鹵(소금밭로) 198 鹿(사슴록) 199 麥(보리맥) 200 麻(삼마) 201 黃(누를황) 202 黍(기장서) 203 黑(검을흑) 204 黹(바느질할치) 205 黽(맹꽁이맹) 206 鼎(솥정) 207 鼓(북고) 208 鼠(쥐서) 209 鼻(코비) 210 齊(가지런할제) 211 齒(이치) 212 龍(용룡) 213 龜(거북귀) 214 龠(피리약)

■ 7급 한자훈음(100자)

ㄱ	里 마을 리	手 손 수	入 들 입
角 뿔 각	立 설 립	示 보일 시	ㅈ
干 방패 간	ㅁ	矢 화살 시	子 아들 자
甘 달 감	馬 말 마	食 밥 식	自 스스로 자
車 수레 거	面 낯 면	身 몸 신	長 긴 장
수레 차	毛 털 모	臣 신하 신	田 밭 전
犬 개 견	木 나무 목	心 마음 심	鳥 새 조
見 볼 견	目 눈 목	十 열 십	足 발 족
高 높을 고	門 문 문	氏 각시 씨	走 달릴 주
谷 골 곡	文 글월 문	ㅇ	竹 대 죽
工 장인 공	米 쌀 미	羊 양 양	支 지탱할 지
戈 창 과	ㅂ	魚 물고기 어	止 그칠 지
九 아홉 구	方 모 방	言 말씀 언	ㅊ
口 입 구	白 흰 백	五 다섯 오	川 내 천
弓 활 궁	父 아버지 부	玉 구슬 옥	靑 푸를 청
斤 도끼 근	比 견줄 비	曰 가로 왈	寸 마디 촌
金 쇠 금	非 아닐 비	用 쓸 용	七 일곱 칠
성 김	ㅅ	牛 소 우	ㅌ
己 몸 기	四 넉 사	雨 비 우	土 흙 토
ㄴ	士 선비 사	又 또 우	ㅍ
女 계집 녀	山 메 산	月 달 월	八 여덟 팔
ㄷ	三 석 삼	肉 고기 육	貝 조개 패
大 큰 대	色 빛 색	乙 새 을	ㅎ
刀 칼 도	生 날 생	衣 옷 의	行 다닐 행
斗 말 두	石 돌 석	二 두 이	항렬 항
豆 콩 두	夕 저녁 석	耳 귀 이	血 피 혈
ㄹ	舌 혀 설	人 사람 인	戶 지게문 호
力 힘 력	小 작을 소	一 한 일	火 불 화
六 여섯 륙	水 물 수	日 날 일	禾 벼 화

■ 　　年　　月　　日　　　　7급 급수한자　　　※ 낱말로 익히면 재미있습니다.

一	一							
한　일	一 총1획							
二	二							
두　이	二 총2획							
三	三							
석　삼	一 총3획							
四	四							
넉　사	口 총5획							
五	五							
다섯　오	二 총4획							

■ 　　年　　月　　日

六	六							
여섯　륙	八 총4획							
七	七							
일곱　칠	一 총2획							
八	八							
여덟　팔	八 총2획							
九	九							
아홉　구	乙 총2획							
十	十							
열　십	十 총2획							

▶ 글씨는 정자로 바르게 씁시다.

■　　　年　　　月　　　日　　　　　　　　　　　　　　※ 日月(일월) : ① 해와 달 ② 날과 달

日							
해　일	日 총4획						
月							
달　월	月 총4획						
火							
불　화	火 총4획						
水							
물　수	水 총4획						
木							
나무　목	木 총4획						

■　　　年　　　月　　　日　　　　　　　　　　　　　　※ 山川(산천) : ① 산과 내 ② 자연

金							
쇠　금	金 총8획						
土							
흙　토	土 총3획						
山							
메　산	山 총3획						
川							
내　천	川 총3획						
雨							
비　우	雨 총8획						

▶ 아름다운 글씨는 인격을 나타냅니다.

■ 　年　　月　　日　　　　　　　　　※ 人口(인구) : 일정한 지역안에 사는 사람의 수효

人	人								
사람 인	人 총2획								
口	口								
입 구	口 총3획								
手	手								
손 수	手 총4획								
足	足								
발 족	足 총7획								
又	又								
또 우	又 총2획								

■ 　年　　月　　日　　　　　　　　　※ 耳目(이목) : ① 귀와 눈 ② 남들의 주의

白	白								
흰 백	白 총5획								
毛	毛								
털 모	毛 총4획								
耳	耳								
귀 이	耳 총6획								
目	目								
눈 목	目 총5획								
舌	舌								
혀 설	舌 총6획								

▶ 글씨는 정자로 바르게 씁시다.

■　　年　　月　　日　　　　　　　　※ 血肉(혈육) : ①피와 살 ② 자기 소생의 자녀

父						
아버지 부	父 총4획					
子						
아들　자	子 총3획					
血						
피　　혈	血 총6획					
肉						
고기　육	肉 총6획					
曰						
가로　왈	曰 총4획					

■　　年　　月　　日　　　　　　　　※ 長女(장녀) : 맏딸

自						
스스로 자	自 총6획					
身						
몸　　신	身 총7획					
長						
긴　　장	長 총8획					
女						
계집　녀	女 총3획					
氏						
각시　씨	氏 총4획					

▶ 아름다운 글씨는 인격을 나타냅니다.

7급　**12**　급수한자

■　　年　　月　　日　　　　　　　　　　　　　　※ 干戈(간과) : ① 무기의 총칭 ② 전쟁

干	干					
방패 간	干 총3획					
戈	戈					
창 과	戈 총4획					
大	大					
큰 대	大 총3획					
小	小					
작을 소	小 총3획					
支	支					
지탱할 지	支 총4획					

■　　年　　月　　日　　　　　　　　　　　　　　※ 弓矢(궁시) : 활과 화살

弓	弓					
활 궁	弓 총3획					
矢	矢					
화살 시	矢 총5획					
馬	馬					
말 마	馬 총10획					
力	力					
힘 력	力 총2획					
犬	犬					
개 견	犬 총4획					

▶ 글씨는 정자로 바르게 씁시다.

■   年   月   日   ※ 方寸(방촌) : ① 사방으로 한치 ② 마음

方							
모 방	方 총4획						
寸							
마디 촌	寸 총3획						
走							
달릴 주	走 총7획						
行							
다닐 행	行 총6획						
止							
그칠 지	止 총4획						

■   年   月   日   ※ 米豆(미두) : 현물없이 미곡을 거래하는 일

竹							
대 죽	竹 총6획						
禾							
벼 화	禾 총5획						
米							
쌀 미	米 총6획						
豆							
콩 두	豆 총7획						
生							
날 생	生 총5획						

▶ 아름다운 글씨는 인격을 나타냅니다.

■ 　　年　　月　　日　　　　　　　　　　　　　　　　　※ 牛羊(우양) : 소와 양

牛	牛							
소　우	牛 총4획							
羊	羊							
양　양	羊 총6획							
魚	魚							
물고기 어	魚 총11획							
貝	貝							
조개 패	貝 총7획							
乙	乙							
새　을	乙 총1획							

■ 　　年　　月　　日　　　　　　　　　　　　　　　　　※ 衣食(의식) : 의복과 음식

衣	衣							
옷　의	衣 총6획							
食	食							
밥　식	食 총9획							
鳥	鳥							
새　조	鳥 총11획							
角	角							
뿔　각	角 총7획							
臣	臣							
신하 신	臣 총6획							

▶ 글씨는 정자로 바르게 씁시다.

■　　年　　月　　日　　　　　　　　　　　　　　※ 入門(입문) : 어떤 학문에 처음 들어감.

入	入						
들 입	入 총2획						
門	門						
문 문	門 총8획						
用	用						
쓸 용	用 총5획						
文	文						
글월 문	文 총4획						
士	士						
선비 사	士 총3획						

■　　年　　月　　日　　　　　　　　　　※ 高見(고견) : ① 남의 의견의 존칭 ② 탁월한 의견

高	高						
높을 고	高 총10획						
見	見						
볼 견	見 총7획						
里	里						
마을 리	里 총7획						
田	田						
밭 전	田 총5획						
非	非						
아닐 비	非 총8획						

▶ 아름다운 글씨는 인격을 나타냅니다.

7급　**16**　급수한자

■　　　年　　　月　　　日　　　　　　　　　　　※ 面刀(면도) : 얼굴에 난 잔털이나 수염을 깎는 일

石	石						
돌　석	石 총5획						
工	工						
장인　공	工 총3획						
面	面						
낯　면	面 총9획						
刀	刀						
칼　도	刀 총2획						
斤	斤						
도끼　근	斤 총4획						

■　　　年　　　月　　　日　　　　　　　　　　　※ 靑玉(청옥) : 강옥의 일종. 사파이어

靑	靑						
푸를　청	靑 총8획						
玉	玉						
구슬　옥	玉 총5획						
斗	斗						
말　두	斗 총4획						
色	色						
빛　색	色 총6획						
戶	戶						
지게　호	戶 총4획						

▶ 글씨는 정자로 바르게 씁시다.

■   年   月   日   ※ 立心(입심) : 작정하여 마음을 세움

立	立					
설 립	立 총5획					
心	心					
마음 심	心 총4획					
夕	夕					
저녁 석	夕 총3획					
示	示					
보일 시	示 총5획					
比	比					
견줄 비	比 총4획					

■   年   月   日   ※ 甘言(감언) : 달콤한 말

甘	甘					
달 감	甘 총5획					
言	言					
말씀 언	言 총7획					
己	己					
몸 기	己 총3획					
車	車					
수레 차	車 총7획					
谷	谷					
골짜기 곡	谷 총7획					

▶ 아름다운 글씨는 인격을 나타냅니다

■ 다음 한자의 훈음(뜻과 소리)을 써봅시다. (8쪽을 참고 하시오.)

본보기 : 一 (한 일)

角( )	豆( )	山( )	言( )	長( )
干( )	力( )	三( )	五( )	田( )
甘( )	六( )	色( )	玉( )	鳥( )
車( )	里( )	生( )	曰( )	足( )
見( )	立( )	夕( )	用( )	走( )
犬( )	馬( )	石( )	雨( )	竹( )
高( )	面( )	舌( )	牛( )	止( )
谷( )	毛( )	小( )	又( )	支( )
工( )	目( )	手( )	月( )	川( )
戈( )	木( )	水( )	肉( )	靑( )
口( )	門( )	示( )	乙( )	寸( )
九( )	文( )	矢( )	衣( )	七( )
弓( )	米( )	食( )	耳( )	土( )
斤( )	方( )	臣( )	二( )	八( )
金( )	白( )	身( )	人( )	貝( )
己( )	父( )	心( )	日( )	行( )
女( )	非( )	十( )	一( )	血( )
大( )	比( )	氏( )	入( )	戶( )
刀( )	士( )	羊( )	子( )	火( )
斗( )	四( )	魚( )	自( )	禾( )

■ 다음의 훈음에 한자를 써봅시다. (8쪽을 참고 하시오.)

본보기 : 어머니 모 (母)

뿔 **각**( )	콩 **두**( )	메 **산**( )	말씀 **언**( )	긴 **장**( )
방패 **간**( )	힘 **력**( )	석 **삼**( )	다섯 **오**( )	밭 **전**( )
달 **감**( )	여섯 **륙**( )	빛 **색**( )	구슬 **옥**( )	새 **조**( )
수레 **거**( )	마을 **리**( )	날 **생**( )	가로 **왈**( )	발 **족**( )
개 **견**( )	설 **립**( )	돌 **석**( )	쓸 **용**( )	달릴 **주**( )
볼 **견**( )	말 **마**( )	저녁 **석**( )	소 **우**( )	대 **죽**( )
높을 **고**( )	낯 **면**( )	혀 **설**( )	비 **우**( )	지탱할 **지**( )
골 **곡**( )	털 **모**( )	작을 **소**( )	또 **우**( )	그칠 **지**( )
장인 **공**( )	나무 **목**( )	물 **수**( )	달 **월**( )	내 **천**( )
창 **과**( )	눈 **목**( )	손 **수**( )	고기 **육**( )	푸를 **청**( )
아홉 **구**( )	문 **문**( )	보일 **시**( )	새 **을**( )	마디 **촌**( )
입 **구**( )	글월 **문**( )	화살 **시**( )	옷 **의**( )	일곱 **칠**( )
활 **궁**( )	쌀 **미**( )	밥 **식**( )	두 **이**( )	흙 **토**( )
도끼 **근**( )	모 **방**( )	몸 **신**( )	귀 **이**( )	여덟 **팔**( )
쇠 **금**( )	흰 **백**( )	신하 **신**( )	사람 **인**( )	조개 **패**( )
몸 **기**( )	아버지 **부**( )	마음 **심**( )	한 **일**( )	다닐 **행**( )
계집 **녀**( )	견줄 **비**( )	열 **십**( )	날 **일**( )	피 **혈**( )
큰 **대**( )	아닐 **비**( )	각시 **씨**( )	들 **입**( )	지게 **호**( )
칼 **도**( )	넉 **사**( )	양 **양**( )	아들 **자**( )	불 **화**( )
말 **두**( )	선비 **사**( )	물고기 **어**( )	스스로 **자**( )	벼 **화**( )

■ 다음 단어의 독음을 ( ) 안에 써봅시다.

본보기 : 父母 (부모) 아버지와 어머니

① 角木( ) 각재로 된 나무
② 甘言( ) 달콤한 말
③ 犬馬( ) 개와 말
④ 高見( ) 탁월한 의견, 남의 의견의 존칭
⑤ 高大( ) 높고 큼
⑥ 高手( ) 수가 높음. 또, 그 사람
⑦ 九牛一毛( ) 많은 것 가운데서 가장 적은 것의 비유
⑧ 馬力( ) 말 한필에 해당하는 힘
⑨ 馬車( ) 말이 끄는 수레
⑩ 面刀( ) 얼굴에 난 잔털이나 수염을 깎는 일
⑪ 木工( ) 나무를 다루어 물건을 만드는 일
⑫ 木石( ) 나무와 돌
⑬ 文人( ) 문필에 종사하는 사람
⑭ 門人( ) 문하에서 가르침을 받는 사람
⑮ 方面( ) 어떤 방향의 지방
⑯ 方言( ) 각 지방의 말
⑰ 白馬( ) 털 빛이 흰 말
⑱ 白米( ) 희게 쓿은 멥쌀
⑲ 白玉( ) 흰 빛깔의 옥

⑳ 父子( ) 아버지와 아들
㉑ 北方( ) 북쪽. 북녘
㉒ 四角( ) 네모
㉓ 四大門( ) 서울에 있던 네 대문
㉔ 四寸( ) 아버지의 형제의 아들 딸. 네 치
㉕ 山羊( ) 염소 혹은 영양이라 부름
㉖ 三寸( ) 아버지의 형제. 세 치
㉗ 生食( ) 익히지 않고 날로 먹음
㉘ 石手( ) 돌을 다루어 물건을 만드는 사람
㉙ 小食( ) 음식을 적게 먹음
㉚ 小子( ) 부모에 대한 자칭
㉛ 手足( ) 손발. 손발과 같이 마음대로 부리는 사람
㉜ 食口( ) 호구와 식구수
㉝ 食言( ) 앞서 한 말이나 약속과 다르게 말함
㉞ 食用( ) 먹을 것에 씀
㉟ 身長( ) 사람의 키
㊱ 心血( ) 심장의 피. 있는 대로의 힘
㊲ 十人十色( ) 사람이 저마다 달라 가지각색임
㊳ 十長生( ) 장생불사한다는 열 가지의 물건

㊴ 羊毛(   ) 양의 털. 모직물을 짬

㊵ 魚貝(   ) 물고기와 조개

㊶ 力走(   ) 힘껏 달림

㊷ 五目(   ) 바둑놀이의 한 가지

㊸ 玉色(   ) 약간 파르스름한 빛깔

㊹ 用言(   ) 서술 작용을 하는 단어

㊺ 牛角(   ) 쇠 뿔

㊻ 雨衣(   ) 비올 때 입는 옷

㊼ 肉食(   ) 동물의 고기를 먹음

㊽ 衣食(   ) 의복과 음식

㊾ 耳目(   ) 귀와 눈. 남들의 주의

㊿ 人面(   ) 사람의 얼굴

(51) 人士(   ) 교육 또는 사회적 지위가 있는 사람

(52) 人心(   ) 사람의 마음. 백성의 마음

(53) 一口二言(   ) 한 입으로 두 가지 말을 함

(54) 一金(   ) 전부의 돈

(55) 一面(   ) 처음으로 한번 만나 봄. 한 쪽

(56) 一方(   ) 한 쪽, 한편, 일면

(57) 一石二鳥(   ) 한 가지 일을 하여 두 가지 이득을 얻음

(58) 入口(   ) 들어오는 문

(59) 入力(   ) 컴퓨터 등에 문자나 숫자를 기억시킴

(60) 入門(   ) 어떤 학문에 처음으로 들어감

(61) 自己(   ) 그 사람 자신

(62) 自立(   ) 남의 힘을 입지 않고 스스로 섬

(63) 自白(   ) 스스로의 죄를 고백함

(64) 自色(   ) 광물 고유의 색

(65) 自身(   ) 자기. 제 몸

(66) 自足(   ) 스스로 만족함

(67) 長文(   ) 긴 글

(68) 長魚(   ) 뱀장어

(69) 長子(   ) 맏아들

(70) 走力(   ) 달리는 힘

(71) 走行(   ) 달음질하여 감

(72) 竹刀(   ) 대 칼

(73) 靑色(   ) 푸른 빛

(74) 靑魚(   ) 청어과의 바닷물고기

(75) 七面鳥(   ) 꿩과의 새

(76) 七夕(   ) 견우와 직녀가 만나는 날

(77) 土木(   ) 토목공사

(78) 土石(   ) 흙과 돌

(79) 行人(   ) 길 가는 사람

(80) 血肉(   ) 피와 살. 자기 소생의 자녀

(81) 戶口(   ) 호수와 식구수

(82) 火山(   ) 땅속의 마그마가 터져나와 이루어진 산

■ 다음의 단어를 ( ) 안에 한자로 써봅시다.

본보기 : 부모 (父母) 아버지와 어머니

① 각목( ) 각재로 된 나무
② 감언( ) 달콤한 말
③ 견마( ) 개와 말
④ 고견( ) 탁월한 의견, 남의 의견의 존칭
⑤ 고대( ) 높고 큼
⑥ 고수( ) 수가 높음. 또, 그 사람
⑦ 구우일모( ) 많은 것 가운데서 가장 적은 것의 비유
⑧ 마력( ) 말 한필에 해당하는 힘
⑨ 마차( ) 말이 끄는 수레
⑩ 면도( ) 얼굴에 난 잔털이나 수염을 깎는 일
⑪ 목공( ) 나무를 다루어 물건을 만드는 일
⑫ 목석( ) 나무와 돌
⑬ 문인( ) 문필에 종사하는 사람
⑭ 문인( ) 문하에서 가르침을 받는 사람
⑮ 방면( ) 어떤 방향의 지방
⑯ 방언( ) 각 지방의 말
⑰ 백마( ) 털 빛이 흰 말
⑱ 백미( ) 희게 쓿은 멥쌀
⑲ 백옥( ) 흰 빛깔의 옥

⑳ 부자( ) 아버지와 아들
㉑ 북방( ) 북쪽. 북녘
㉒ 사각( ) 네모
㉓ 사대문( ) 서울에 있던 네 대문
㉔ 사촌( ) 아버지의 형제의 아들 딸. 네 치
㉕ 산양( ) 염소 혹은 영양이라 부름
㉖ 삼촌( ) 아버지의 형제. 세 치
㉗ 생식( ) 익히지 않고 날로 먹음
㉘ 석수( ) 돌을 다루어 물건을 만드는 사람
㉙ 소식( ) 음식을 적게 먹음
㉚ 소자( ) 부모에 대한 자칭
㉛ 수족( ) 손발. 손발과 같이 마음대로 부리는 사람
㉜ 식구( ) 호구와 식구수
㉝ 식언( ) 앞서 한 말이나 약속과 다르게 말함
㉞ 식용( ) 먹을 것에 씀
㉟ 신장( ) 사람의 키
㊱ 심혈( ) 심장의 피. 있는 대로의 힘
㊲ 십인십색( ) 사람이 저마다 달라 가지각색임
㊳ 십장생( ) 장생불사한다는 열 가지의 물건

㊴ 양모(　　　　) 양의 털. 모직물을 짬

㊵ 어패(　　　　) 물고기와 조개

㊶ 역주(　　　　) 힘껏 달림

㊷ 오목(　　　　) 바둑놀이의 한 가지

㊸ 옥색(　　　　) 약간 파르스름한 빛깔

㊹ 용언(　　　　) 서술 작용을 하는 단어

㊺ 우각(　　　　) 쇠 뿔

㊻ 우의(　　　　) 비올 때 입는 옷

㊼ 육식(　　　　) 동물의 고기를 먹음

㊽ 의식(　　　　) 의복과 음식

㊾ 이목(　　　　) 귀와 눈. 남들의 주의

㊿ 인면(　　　　) 사람의 얼굴

(51) 인사(　　　　) 교육 또는 사회적 지위가 있는 사람

(52) 인심(　　　　) 사람의 마음. 백성의 마음

(53) 일구이언(　　　　) 한 입으로 두 가지 말을 함

(54) 일금(　　　　) 전부의 돈

(55) 일면(　　　　) 처음으로 한번 만나 봄. 한 쪽

(56) 일방(　　　　) 한 쪽, 한편, 일면

(57) 일석이조(　　　　) 한 가지 일을 하여 두 가지 이득을 얻음

(58) 입구(　　　　) 들어오는 문

(59) 입력(　　　　)컴퓨터 등에 문자나 숫자를 기억시킴

(60) 입문(　　　　) 어떤 학문에 처음으로 들어감

(61) 자기(　　　　) 그 사람 자신

(62) 자립(　　　　) 남의 힘을 입지 않고 스스로 섬

(63) 자백(　　　　) 스스로의 죄를 고백함

(64) 자색(　　　　) 광물 고유의 색

(65) 자신(　　　　) 자기. 제 몸

(66) 자족(　　　　) 스스로 만족함

(67) 장문(　　　　) 긴 글

(68) 장어(　　　　) 뱀장어

(69) 장자(　　　　) 맏아들

(70) 주력(　　　　) 달리는 힘

(71) 주행(　　　　) 달음질하여 감

(72) 죽도(　　　　) 대 칼

(73) 청색(　　　　) 푸른 빛

(74) 청어(　　　　) 청어과의 바닷물고기

(75) 칠면조(　　　　) 꿩과의 새

(76) 칠석(　　　　) 견우와 직녀가 만나는 날

(77) 토목(　　　　) 토목공사

(78) 토석(　　　　) 흙과 돌

(79) 행인(　　　　) 길 가는 사람

(80) 혈육(　　　　) 피와 살. 자기 소생의 자녀

(81) 호구(　　　　) 호수와 식구수

(82) 화산(　　　　) 땅속의 마그마가 터져나와 이루어진 산

7급 단어 쓰기 펜글씨본

角木 (각목) 각재로 된 나무	木工 (목공) 나무로 만드는 일
( )	( )
( )	( )
甘言 (감언) 달콤한 말	木石 (목석) 나무와 돌
( )	( )
( )	( )
犬馬 (견마) 개와 말	文人 (문인) 문필에 종사하는 사람
( )	( )
( )	( )
高見 (고견) 탁월한 의견, 남의 의견의 존중	門人 (문인) 문하에서 가르침 받는 사람
( )	( )
( )	( )
高手 (고수) 수가 높음	方面 (방면) 어떤 방향의 지방
( )	( )
( )	( )
九牛一毛 (구우일모) 많은 것 가운데 가장 적은 것의 비유	方言 (방언) 각 지방의 말
( )	( )
( )	( )
大魚 (대어) 큰 물고기	白馬 (백마) 털빛이 흰 말
( )	( )
( )	( )
馬車 (마차) 말이 끄는 수레	白米 (백미) 흰 쌀
( )	( )
( )	( )
面刀 (면도) 수염을 깎는 일	白玉 (백옥) 흰 빛깔의 옥
( )	( )
( )	( )
面目 (면목) 얼굴의 생김새	白衣 (백의) 흰 옷
( )	( )
( )	( )

白鳥 (백조) 오리과의 흰물새, 고니	山行 (산행) 산에 늘러 가는 일
( )	( )
( )	( )
父女 (부녀) 아버지와 딸	三角 (삼각) 세모
( )	( )
( )	( )
父子 (부자) 아버지와 아들	三面 (삼면) 세 방면,
( )	( )
( )	( )
北方 (북방) 북쪽, 북녘	三寸 (삼촌) 아버지의 형제, 세치
( )	( )
( )	( )
四角 (사각) 네 모	生食 (생식) 익히지 않고 날로 먹음
( )	( )
( )	( )
四大門 (사대문) 서울에 있던 네 대문	石工 (석공) 돌을 다듬는 사람
( )	( )
( )	( )
四大六身 (사대육신) 사대로 이루어진 사람의 몸	石門 (석문) 돌로 만든 문
( )	( )
( )	( )
四寸 (사촌) 아버지의 형제의 아들 딸	石手 (석수) 돌을 다루어 물건을 만드는 사람
( )	( )
( )	( )
山水 (산수) 산과 물, 경치,	小食 (소식) 음식을 적게 먹음
( )	( )
( )	( )
山川 (산천) 산과내, 자연	小心 (소심) 주의 깊음, 도량이 좁음
( )	( )
( )	( )

小子 (소자) 부모에 대해 자식이 자신을 말할때	十人十色 (십인십색) 저마다 달라 가지각색 임
( )	( )
( )	( )
水力 (수력) 물의 힘	十長生 (십장생) 장생불사한다는 열가지의 물건
( )	( )
( )	( )
水面 (수면) 물의 표면	羊毛 (양모) 양의털, 모직물을 짬
( )	( )
( )	( )
手足 (수족) 손발, 손발과 같이 부리는 사람	魚貝 (어패) 물고기와 조개
( )	( )
( )	( )
食水 (식수) 식용으로 쓰는 물	女子 (여자) 여성인 사람
( )	( )
( )	( )
食言 (식언) 앞서 한 말을 다르게 말함	力走 (역주) 힘껏 달림
( )	( )
( )	( )
食用 (식용) 먹을 것에 씀	五角 (오각) 다섯 모
( )	( )
( )	( )
食肉 (식육) 고기를 먹음, 식용고기	五目 (오목) 바둑놀이의 한 가지
( )	( )
( )	( )
身長 (신장) 사람의 키	玉色 (옥색) 약간 파르스름한 색깔
( )	( )
( )	( )
心血 (심혈) 심장의 피, 있는 대로의 힘	牛角 (우각) 쇠 뿔
( )	( )
( )	( )

雨水 (우수) 빗물, 24절기의 하나	一口二言 (일구이언) 한입으로 두가지 말을 함
( )	( )
( )	( )
肉食 (육식) 고기를 먹음	一金 (일금) 전부의 돈
( )	( )
( )	( )
肉身 (육신) 몸, 육체	一面 (일면) 처음으로 한번 봄,(한쪽 면)
( )	( )
( )	( )
耳目 (이목) 귀와 눈, 남들의 주의	一方 (일방) 한쪽, 한 면
( )	( )
( )	( )
人工 (인공) 사람이 자연물에 가공하는 일	一石二鳥 (일석이조) 한가지로 두가지 이득을 봄
( )	( )
( )	( )
人馬 (인마) 사람과 말, 마부와 말	入金 (입금) 돈이 들어옴, 예금
( )	( )
( )	( )
人面 (인면) 사람의 얼굴	立木 (입목) 땅위에 서있는 수목
( )	( )
( )	( )
人士 (인사) 사회적 지위가 있는 사람	入門 (입문) 처음으로 들어 감
( )	( )
( )	( )
人生 (인생) 생명을 가진 사람	入山 (입산) 산에 들어감
( )	( )
( )	( )
人心 (인심) 사람의 마음,	入手 (입수) 수중에 들어옴
( )	( )
( )	( )

自己 (자기) 그 사람 자신 (　　) (　　)	走力 (주력) 달리는 힘 (　　) (　　)
子女 (자녀) 아들과 딸 (　　) (　　)	走行 (주행) 달음질하여 감 (　　) (　　)
自立 (자립) 남의 힘을 입지않고 스스로 섬 (　　) (　　)	竹刀 (죽도) 대칼,(대나무 칼) (　　) (　　)
自白 (자백) 스스로의 죄를 고백함 (　　) (　　)	靑色 (청색) 푸른 빛 (　　) (　　)
自身 (자신) 자기, 제 몸 (　　) (　　)	土木 (토목) 토목공사 (　　) (　　)
自足 (자족) 스스로 만족함 (　　) (　　)	土石 (토석) 흙과 돌 (　　) (　　)
長文 (장문) 긴 글 (　　) (　　)	行人 (행인) 길 가는 사람 (　　) (　　)
長身 (장신) 키가 큰 몸 (　　) (　　)	血肉 (혈육) 피와 살, 자기 소생의 자녀 (　　) (　　)
長魚 (장어) 뱀장어 (　　) (　　)	戶口 (호구) 호수와 식구수 (　　) (　　)
長子 (장자) 맏아들 (　　) (　　)	火力 (화력) 불의 힘, 총포 등의 힘 (　　) (　　)

7급 기출문제 1회

대한민국한자자격검정시험   성명 (   )   점수   점

가. 다음 한자어의 독음을 쓰시오.

보기 : 三五 (삼오)

1) 大小(   )   6) 父子(   )

2) 血肉(   )   7) 女子(   )

3) 自身(   )   8) 人口(   )

4) 日月(   )   9) 長女(   )

5) 手足(   )   10) 馬力(   )

나. 다음 밑줄친 단어를 한자로 고쳐 쓰시오.

山川.入口.面目.雨衣.日月.一月.

11) 네게 참으로 면목이 없구나!
(   )

12) 산천은 나를보고 말없이 살라하네.
(   )

13) 학교 입구에서 연필을 샀다.
(   )

14) 해와 달은 일월이라고 한다
(   )

15) 비가오면 우의를 입어야지!
(   )

다. 다음 한자의 훈음을 쓰시오.

나무목.흰백. 혀설.흙토. 힘력..두이. 물수
쇠금.작을소. 다섯오.비우. 피혈.달월. 내천

16) 舌 (   )   23) 力 (   )

17) 土 (   )   24) 水 (   )

18) 川 (   )   25) 二 (   )

19) 木 (   )   26) 金 (   )

20) 白 (   )   27) 小 (   )

21) 五 (   )   28) 血 (   )

22) 雨 (   )   29) 月 (   )

라. 다음 밑줄친 한자의 독음을 쓰시오.

사촌.자생.마차.생일.삼사

30) 나에게는 四寸 형님이 있다.
(   )

31) 아직도 시골엔 馬車가 있다.
(   )

32) 산과 들에는 많은 식물이 自生하고
있다.   (   )

33) 꽃이 피려면 三四일 더 기다려야
한다. (   )

34) 오늘은 여동생의 生日이다. (   )

마. 다음 훈음에 맞는 한자를 쓰시오.

五.門.大.自.七.衣.乙.犬.

35) 큰 대(   ) 39) 일곱 칠(   )

36) 문 문(   ) 40) 옷 의(   )

37) 다섯 오(   ) 41) 새 을(   )

38) 스스로자(   ) 42) 개 견(   )

바. 다음 한자의 뜻이 상대되는 한자를 쓰시오.

보기 : 上 ↔ 下 少.小.川.出

43) 大 ↔

44) 山 ↔

사. 다음 문장의 뜻이 알맞은 단얼를 보기에서 골라 그 번호를 쓰시오.

보기:1.父母 2.父女 3.父子 4.母子

45) 아버지와 아들 (   )

아. 다음의 단어를 보기에서 한자로 바꿔 쓰시오.

보기 : 人山. 入山. 耳目. 二目

46) 이목 : 귀와 눈 (   )

47) 입산 : 산에 들어 감 (   )

자. 다음의 한자는 몇 획인가?

보기 : 下 : 3획

48) 木 :   획

차. 다음 밑줄친 단어를 보기에서 찾아 한자로 쓰시오.

본보기: 一方. 四方. 手心. 手足

49) 손과 발을 수족이라 한다. (   )

50) 네 방위 즉 동.서.남.북을 통 털어서 사방이라 한다. (   )

7급 기출문제 2회

대한민국한자자격검정시험   성명 (   )   점수   점

가. 다음 한자어의 독음을 쓰시오.

참고 : 孝道 (효도)

1) 耳目(   )   6) 人文(   )

2) 木手(   )   7) 心血(   )

3) 自力(   )   8) 大小(   )

4) 玉色(   )   9) 石工(   )

5) 入門(   )   10) 父子(   )

나. 다음 밑줄친 단어를 한자로 쓰시오.

참고 : 靑山.入口.自足.面目.雨衣

11) 비가오면 우의를 입어야지!
(   )

12) 청산은 나를보고 말없이 살라하네.
(   )

13) 학교 입구에서 연필을 샀다.
(   )

14) 스스로 만족하는 것을 자족이라 한다
(   )

15) 네게 참으로 면목이 없구나!
(   )

다. 다음 한자의 훈음을 쓰시오.

보기 : 孝 (효도 효)

16) 入(   )   23) 戈(   )

17) 土(   )   24) 禾(   )

18) 川(   )   25) 二(   )

19) 金(   )   26) 車(   )

20) 毛(   )   27) 見(   )

21) 五(   )   28) 豆(   )

22) 효(   )   29) 竹(   )

라. 다음 밑줄친 한자의 독음을 쓰시오.

보기 : 부모님께 孝道를 하자.
(효도)

30) 나에게는 四寸 형님이 있다.
(   )

31) 오늘은 친구의 生日이다.
(   )

32) 산과 들에는 많은 식물이 自生하고 있다.
(   )

33) 선생님의 高見을 듣고 싶습니다.
(   )

34) 아직도 시골엔 馬車가 있다.
(   )

마. 다음 훈음에 맞는 한자를 쓰시오.

참고 : 止.門.氏.臣.又.山.甘.米

35) 그칠 지 (   )   39) 신하 신 (   )

36) 성씨 씨 (   )   40) 문   문 (   )

37) 달   감 (   )   41) 쌀   미 (   )

38) 뫼   산 (   )   42) 또   우 (   )

바. 다음 한자의 뜻이 상대되는 한자를 쓰시오.

참고 : 上 ↔ 下   人. 木. 又. 川

43) 水 ↔ ◯

44) 山 ↔ ◯

사. 다음 한자어의 뜻을 쓰시오.

참고 : 孝道 (부모를 잘 섬기는 도리)

45) 山川 (   )

아. 다음의 단어를 한자로 바꿔 쓰시오.

참고 : 食品. 食用. 血肉. 血色

46) 혈육 : 한핏줄을 나눈 형제 (   )

47) 식용 : 먹을 것으로 사용 (   )

자. 다음의 한자는 몇 획인가?

보기 : 下 : ③획

48) 木 : ☐ 획

차. 다음 물음에 맞는 답을 한자로 쓰시오.

보기 : 위와 아래를 상하(上下)라 한다.
참고 : 七人. 七夕. 四面. 手足.

49) 음력 칠월 초이렛날 견우와 직녀가 일년에 한번 오작교에서 만나는 날을 七月칠석 (   )이라 한다.

50) 손 과 발을 수족(   )이라 한다.

7급 **34** 급수한자

7급 기출문제 3회

대한민국한자자격검정시험   성명 (   )   점수   점

가. 다음 한자어의 독음을 쓰시오.

> 본보기 : 孝道 (효도)

1) 角木(   ) 6) 靑色(   )

2) 長身(   ) 7) 戶口(   )

3) 火力(   ) 8) 自足(   )

4) 入金(   ) 9) 羊毛(   )

5) 高見(   ) 10) 白米(   )

나. 다음 밑줄친 단어를 한자로 고쳐 쓰시오.

> 본보기 : 부모님께 <u>효도</u>를 하자.
> (孝道)

11) 아름다운 <u>산천</u>을 잘 가꾸어 보존하자.
(   )

12) 아주 중요한 정보를 <u>입수</u>했다.
(   )

13) <u>수면</u> 위에 햇살이 부서져 내린다.
(   )

14) 보물의 <u>행방</u>을 찾기 위해 흩어졌다.
(   )

15) 비가 내려서 <u>우의</u>를 입고 등교했다.
(   )

다. 다음 한자의 훈음을 쓰시오.

> 본보기 : 孝 (효도 효)

16) 竹 (   )   23) 矢 (   )

17) 父 (   )   24) 文 (   )

18) 言 (   )   25) 斗 (   )

19) 曰 (   )   26) 田 (   )

20) 鳥 (   )   27) 六 (   )

21) 舌 (   )   28) 谷 (   )

22) 斤 (   )   29) 雨 (   )

라. 다음 밑줄친 한자의 독음을 쓰시오.

> 본보기 : 부모님께 <u>孝道</u>를 하자.
> (효도)

30) 남의 <u>耳目</u>을 두려워하지 않는구나.
(   )

31) 내 <u>四寸</u> 동생은 공부를 잘한다.
(   )

32) <u>肉食</u>을 많이 하면 성격도 거칠어진다.
(   )

33) <u>石工</u>은 돌을 다루는 사람이다.
(   )

34) <u>木馬</u>를 타고 즐겁게 놀았다.
(   )

마. 다음 훈음에 맞는 한자를 쓰시오.

> 본보기 : 효도 효 (孝)

35) 쓸   용(   ) 39) 마을 리(   )

36) 문   문(   ) 40) 보일 시(   )

37) 새   을(   ) 41) 귀   이(   )

38) 긴   장(   ) 42) 지탱할지(   )

바. 다음 한자의 뜻이 상대되는 한자를 쓰시오.

> 본보기 : 上 ↔ (下)

43) 山   ↔   ◯

44) 大   ↔   ◯

사. 다음 한자어의 뜻을 쓰시오.

> 본보기:孝道 (부모를 잘 섬기는 도리)

45) 自己 (   )

아. 다음의 단어를 한자로 바꿔 쓰시오.

> 본보기 : 상하:위와 아래(上下)

46) 금석 : 쇠붙이와 돌   (   )

47) 감언 : 달콤한 말   (   )

자. 다음의 한자는 몇 획인가?

> 본보기 : 下 : ③획

48) 里 : ◻ 획

차. 다음 물음에 맞는 답을 한자로 쓰시오.

> 보기 : 위와 아래를 (上.下) 라 한다.
>   1.心血 2.心思 3.五.五 4.十.九

49) 있는 대로의 힘을 다했다고 할 때 흔히 (   )을 기우렸다고 한다.

50) 우리의 자랑스런 문자를 만든 것을 기념하기 위한 한글날은 몇월 몇일 인가?
    (   )月 (   )日

●도서출판 지능,신기교육(도서총판 보람도서) 유치원, 어린이집, 학원 전문 학습교재 ●
한글/숫자/받아쓰기/영어/주산/암산/서예/한자/속셈/보습/웅변/글짓기/글쓰기/논술/속독
전화 02-856-4983 / 02-844-7130 휴대폰 010-5250-7130   팩스 02-856-4984

◆ 주산 / 암산 / 수리셈 시리즈	◆ 한글 / 숫자 / 받아쓰기	◆ 한자 / 중국어
주산짱암산짱+기초(개정판) 1, 2, 3	병아리반의 가나다라 상, 중, 하, 총정리	급수검정한자교본 8급
주산짱암산짱+기초(종합편)	병아리반의 하나둘셋 상, 중, 하, 총정리	급수검정한자교본 7급
주산짱암산짱+주산 10급~1급	한글지도 I, II, III	급수검정한자교본 6급
주산짱암산짱+암산 10급~1급	똘이의 글마당 상, 중, 하(전3권)	급수검정한자교본 5급
주산짱암산짱+암산 단급	똘이의 글마당 상1, 상2 중1, 중2 하1, 하2(전6권)	급수검정한자교본 4급
뉴주산수리셈 1~10단계	똘이의 셈마당 상, 중, 하	급수검정한자교본 4급2
주산급수평가예상문제집 10급~1급	한글쓰기 1~3단계	급수검정한자교본 3급
주산급수평가예상문제집 단급 A단계,B단계	글셈합본 아름드리 하나~여섯	급수검정한자교본 3급2
주산짱암산짱+호산문제집	영재 국어 글동산 1~5단계	급수검정한자교본 2급
주산짱암산짱+학습장	영재 수학 셈동산 1~3단계	급수검정한자교본 1급
수리셈 주산입문 1	내친구 한글아 상, 중 하	비테에 한자여행 1~6
수리셈 주산입문 2	내친구 한글아 완성편	급수한자자격 기출예상문제집 8급
수리셈 주산연습문제집 12급~1급, 단급	한글깨우침 1~6단계	급수한자자격 기출예상문제집 7급
수리셈 암산연습문제집 9급~1급, 단급	수셈깨우침 1~6단계	급수한자자격 기출예상문제집 6급
	참똑똑한 한글달인 1~6단계	급수한자자격 기출예상문제집 5급
	참똑똑한 수학달인 1~6단계	
검정시험통합 주산암산문제집 12급~1급	비테에 한글 1~8단계	◆ 글쓰기 / 논술 / 속독
	비테에 수학 1~8단계	
주산수리셈 보충교재 1, 2	비테에 종합커리큘럼 1~6단계	알짜 글쓰기 1~12단계
주산암산경기대회연습문제집 유치부, 1학년, 2학년, 고학년	원활동교실 1~6단계	동화속의 논술여행 A~D 각 1~5
	꿈초롱별초롱 한글쓰기 초급, 중급, 고급	동화속의 논술여행 A~D세트 (각 세트 5권)
주산수리셈 기초 1단계, 2단계	지혜모아 한글 1~5단계	글쓰기왕국 36권 기초, 초급, 중급, 고급 각 1~9
주산수리셈 영문판 1~10단계	해님이 우리글 1~6단계, 마무리	
주산 실무지도서	달님이 수놀이 1~6단계, 마무리	브레인 두뇌속독
주산 실기연습문제집	받아쓰기 짱 1~4단계	정속독 실기1, 2, 응용 1,2,3
주산교육과 두뇌건강	한글 받아쓰기 짱 1~4	독서뱅크3
주판 13주(칼라) 23주	세종교육	출발! 동화나라 여행
교사용주판 11종	개구쟁이 짱 첫 한글	◆ 동요 / 동시
◆ 미술 / 창의	개구쟁이 짱 첫 수학	우리 옛시조 감상
피카소는 내친구 1~6단계	개구쟁이 짱 한글공부1~6	해맑은 아이들의 동시
미술은 내친구 1~6단계		양면벽보
미술이 좋아요 1,2,3	개구쟁이 짱 수학공부1~4	한글,영어,숫자
미술이 신나요 1,2,3	개구쟁이 수와셈1~5	한자200자,900자
창의 또래마당 1~4	낱말카드	
	숫자카드	

단계별 학습 교재 세트는 낱권도 판매 가능
유치원, 학교, 학원, 방과후, 공부방 등 단체 공동구매 및 다량 주문시 특별할인판매
표지 및 정가는 홈페이지 쇼핑몰에서 확인하실 수 있습니다.
BORAMBOOK.CO.KR / boram@borambook.co.kr

지능, 신기교육 주산문제
숫자와주판의 만남 상(11급수준)
숫자와주판의 만남 하(10급수준)
숫자와주판의 만남 숙달1단계(7급)
숫자와주판의 만남 숙달2단계(6급)
기초주산교본 상(9급)
기초주산교본 하(8급)
정통주산문제연습장 7급~1급(8절)
◆ 연산 / 보수 / 속셈 문제
(연산) 기초속셈문제 저학년
(연산) 기초속셈문제 고학년
숫자(속셈)공부
숫자공부1(지능정복1단계)
숫자공부2(지능정복2단계)
지능속셈정복 3~12단계
하나둘셋 (속셈문제 1단계)
속셈문제연습 2~13단계
지능 시계공부
◆ 영어 첫걸음 / 회화 / 영문법
영어회화 1~2
어린이영어 첫걸음, 1, 2, 3단계
패스 기초 영문법
별님이 영어 1, 2, 3단계
영어를 한글같이발음첫걸음1,2
기초 영문법
문학 월간지, 계간지
좋은문학 월간지(년간 12권)
좋은문학 동인집 1~6집
좋은문학 계간지
한국문학 계간지
오은문학 계간지(봄,여름,가을,겨울)
기타 / 단행본
손유희로 꾸며본 성경이야기
손유희 성경이야기 Tape
손유희 창작구연동화
손유희 창작구연동화 Tape
말거리 365 웅변원고
천재여 일어나라
컴퓨터 한자사전 (CD포함)
미용학 사전
헤어 어드벤처
세계를 품은 아이
- 기타 단행본 안내 -
각종출판사 약 1,000종

푸른잔디 출판사 연간 프로그램 단계별 언어인지 10권/수리탐구10권
러닝 투게더 병아리반
러닝 투게더 영아반
러닝 투게더 유아반
러닝 투게더 유치반
연간 프로그램 (단계별 의사소통, 수리탐구, 자연탐구, 사회탐구, 그리고색칠하기, 오리고만들기, 한자 등)
키우미 채우미 영아반
키우미 채우미 유아반
키우미 채우미 유치반
월간 프로그램 (단계별 한글 20권, 수학 20권)
아이러브 시리즈 A단계
아이러브 시리즈 B단계
아이러브 시리즈 C단계
아이러브 시리즈 D단계
단계별 프로그램
스토리텔링 학습으로 배우는 한글캠프 1~7권, 1학년
스토리텔링 학습으로 배우는 수학캠프 1~7권, 1학년
푸른한글 1~7단계
푸른수학 1~7단계
봉봉 드로잉북 1~6권
푸른잔디 미술
러닝 투게더 미술 초급 4권
러닝 투게더 미술 중급 4권
러닝 투게더 미술 고급 4권
프뢰벨의 가베
러닝 투게더 프뢰벨의 가베 A단계 10권
러닝 투게더 프뢰벨의 가베 B단계 10권
러닝 투게더 프뢰벨의 가베 C단계 10권
러닝 투게더 프뢰벨의 가베 D단계 10권

시집
당신이 그리우면 산에 올라(이영환)
솔 모루의 봄(홍현서)
촛불(정용규)
은혜 속에 피어난 꽃(이도영 1집)
고난 속에 핀 꽃(이도영 2집)
아름다운 사회 글과 시(김기호)
문인들의 밥솥(이정희 1집, 2집)
천국소망(이도영 3집)
사랑과 은혜(이도영 4집)
사랑 나눔(이도영 5집)
공갈못(공검지)(최용식)
별 밤에 피어난 꽃(조복수)
낙원(문쾌수)
또 하나의 사랑으로(조순화)
신데렐라 동시집(이도영)
인생여정 황홀한 노을을 걷다 (강충구)
마음으로 읽고 가슴으로 말한다 (김상문)
이슬은 꽃이 되다(이도영)
단풍이 곱던 날(김복임 수필)
왜 그들은 변하지 않는가?(이요나)
장곡산 메아리(서병진)
내 마음의 풍금 소리(한춘상)
그리움은 시가 되어(이도영)
바다가 되어(조화훈)
그대 머물고 간 자리(안경애)
나는 이렇게 산다(조철수)
삶은 시의 날개를 달고(이도영)
그대를 위하여(조화훈)
하얀 화선지(정일영)
바람에 피어난 꽃(조복수)
사전 (졸업선물)
정통 초등학교 새국어사전
초등학교 새영어사전
도감 (졸업선물)
아! 꽃이다
아! 공룡이다
화훼 학습자료
어린이 동물도감
도서출판 매일,창

7급 기 출 문 제 4회

대한민국한자자격검정시험　　성명 (　　　　)　　점수　　점

가. 다음 한자어의 독음을 쓰시오.

본보기 : 孝道 (효도)

1) 自足(　　　)　6) 玉色(　　　)

2) 入金(　　　)　7) 干戈(　　　)

3) 里長(　　　)　8) 入門(　　　)

4) 戶主(　　　)　9) 金氏(　　　)

5) 老人(　　　)　10) 火木(　　　)

나. 다음 밑줄친 단어를 한자로 고쳐 쓰시오.

본보기 : 부모님께 효도를 하자.
(孝道)

11) 동네 입구에서 축구를 했다.
(　　　　)

12) 우리는 자립정신을 길러야 한다.
(　　　　)

13) 햇살이 수면위로 부서 진다.
(　　　　)

14) 동산에 사방으로 꽃이 피었다..
(　　　　)

15) 청산은 나를 보고 말없이 살라 하네
(　　　　)

다. 다음 한자의 훈음을 쓰시오.

본보기 : 孝 (효도 효)

16) 二 (　　　)　23) 土 (　　　)

17) 力 (　　　)　24) 牛 (　　　)

18) 長 (　　　)　25) 月 (　　　)

19) 臣 (　　　)　26) 田 (　　　)

20) 舌 (　　　)　27) 谷 (　　　)

21) 而 (　　　)　28) 長 (　　　)

22) 五 (　　　)　29) 父 (　　　)

라. 다음 밑줄친 한자의 독음을 쓰시오.

본보기 : 부모님께 孝道를 하자.
(효도)

30) 石工은 돌을 다루는 사람이다.
(　　　　)

31) 내 四寸동생은 공부를 잘 한다
(　　　　)

32) 오늘은 막내 동생의 生日이다.
(　　　　)

33) 남쪽 지방을 南方 이라 한다.
(　　　　)

34) 남의 耳目을 생각 하라.
(　　　　)

마. 다음 훈음에 맞는 한자를 쓰시오.

본보기 : 효도 효 (孝)

35) 긴   장(   ) 39) 향기 향(   )

36) 귀   이(   ) 40) 새   을(   )

37) 주인 주(   ) 41) 몸   기 (   )

38) 일곱 칠(   ) 42) 신하 신(   )

바. 다음 한자의 뜻이 상대되는 한자를 쓰시오.

본보기 : 上 ↔ (下)

43) 山   ↔   ◯

44) 小   ↔   ◯

사. 다음 한자어의 뜻을 쓰시오.

본보기: 孝道 (부모를 잘 섬기는 도리)

45) 食用 (   )

아. 다음의 단어를 한자로 바꿔 쓰시오.

본보기 : 상하: 위와 아래 (上下)

46) 금석 : 쇠붙이와 돌
                        (   )

47) 생일 : 자기가 태어난 날 . (   )

자. 다음의 한자는 몇 획인가?

본보기 : 下 : ③획

48) 心 : [   ]획

차. 다음 물음에 맞는 답을 한자로 쓰시오.

본보기: 위와 아래를 (上.下) 라 한다.

49) 동서남북을(四)(   )이라 한다.

50) 뛰어난 의견을 고견(   )이라 한다

7급 기출문제 5회

대한민국한자자격검정시험   성명 (   )   점수   점

가. 다음 한자어의 독음을 쓰시오.

본보기 : 三五 (삼오)

1) 父子(   )
2) 女子(   )
3) 人口(   )
4) 長女(   )
5) 馬力(   )
6) 大小(   )
7) 血肉(   )
8) 自身(   )
9) 日月(   )
10) 手足(   )

나. 다음 밑줄친 단어를 한자로 고쳐 쓰시오.

山川. 入口. 面目. 雨衣. 日月. 一月.

11) 네게 참으로 면목이 없구나!
(   )

12) 산천은 나를보고 말없이 살라하네.
(   )

13) 학교 입구에서 연필을 샀다.
(   )

14) 해와 달은 일월이라고 한다
(   )

15) 비가오면 우의를 입어야지!
(   )

다. 다음 한자의 훈음을 쓰시오.

나무목. 흰백. 혀 설 흙토. 힘력. 두이. 물수
쇠금 작을소. 다섯오. 비우. 피혈. 달월. 내천

16) 力 (   )
17) 水 (   )
18) 二 (   )
19) 金 (   )
20) 小 (   )
21) 血 (   )
22) 月 (   )
23) 舌 (   )
24) 土 (   )
25) 川 (   )
26) 木 (   )
27) 白 (   )
28) 五 (   )
29) 雨 (   )

라. 다음 밑줄친 한자의 독음을 쓰시오.

사촌. 자생. 마차. 생일. 삼사.

30) 산과 들에는 많은 식물이 自生하고 있다. (   )

31) 꽃이 피려면 三四일 더 기다려야 한다. (   )

32) 아직도 시골엔 馬車가 있다. (   )

33) 오늘은 여동생의 生日이다. (   )

34) 나에게는 四寸 형님이 있다. (   )

마. 다음 훈음에 맞는 한자를 쓰시오.

五.門. 大.自. 七.衣. 乙.犬.

35) 일곱 칠(   )   39) 큰   대(   )

36) 옷   의(   )   40) 문   문(   )

37) 새   을(   )   41) 다섯 오(   )

38) 개   견(   )   42) 스스로자(   )

바. 다음 한자의 뜻이 상대되는 한자를 쓰시오.

본보기 : 上 ↔ ⓓ下 少.小.川.出

43) 大   ↔   ◯

44) 山   ↔   ◯

사. 다음 문장의 뜻이 알맞은 단얼를 보기에서 골라 그 번호를 쓰시오.

본보기:1.父母 2.父女 3.父子 4.母子

45) 아버지와 아들 (   )

아. 다음의 단어를 보기에서 한자로 바꿔 쓰시오.

본보기 : 人山. 入山. 耳目. 二目

46) 입산 : 산에 들어 감   (   )

47) 이목 : 귀와 눈 (   )

자. 다음의 한자는 몇 획인가?

본보기 : 下 : ③획

48) 木 : [   ] 획

차. 다음 밑줄친 단어를 보기에서 찾아 한자로 쓰시오.

본보기: 一方. 四方. 手心. 手足

49) 네 방위 즉 동.서.남.북을 통 털어서 사방이라 한다.(   )

50) 손과 발을 수족이라 한다. (   )

7급 예상문제 1회

대한민국한자자격검정시험   성명 (　　　　)   점수　　점

가. 다음 한자어의 독음을 쓰시오.

본보기 : 孝道 (효도)

1) 青山 (　　　)   2) 工高 (　　　)

3) 弓矢 (　　　)   4) 心血 (　　　)

5) 乙支 (　　　)   6) 入金 (　　　)

7) 十里 (　　　)   8) 立石 (　　　)

9) 六月 (　　　)   10) 文臣 (　　　)

다. 다음 한자의 훈음을 쓰시오.

본보기 : 孝 (효도 효)

16) 甘 (　　　)   17) 非 (　　　)

18) 比 (　　　)   19) 衣 (　　　)

20) 色 (　　　)   21) 示 (　　　)

22) 舌 (　　　)   23) 田 (　　　)

24) 寸 (　　　)   25) 毛 (　　　)

26) 禾 (　　　)   27) 谷 (　　　)

28) 耳 (　　　)   29) 止 (　　　)

나. 다음 밑줄친 단어를 한자로 고쳐 쓰시오.

본보기 : 부모님께 **효도**를 하자.
(孝道)

11) 시골에서는 아직도 마차가 다닌다.
(　　　　　)

12) 네 살갗은 백옥처럼 희구나!
(　　　　　)

13) 우리 언니가 장녀입니다.
(　　　　　)

14) 주행 속도를 지키면 사고가 줄어든다.
(　　　　　)

15) 우리에게 육신은 소중하다.
(　　　　　)

라. 다음 밑줄친 한자의 독음을 쓰시오.

본보기 : 부모님께 **孝道**를 하자.
(효도)

30) 四方을 둘러보아도 아파트만 보이는데…
(　　　　　)

31) 겨울이 오기 전에 火木작업을 해 놓자.
(　　　　　)

32) 우리 팀은 自力으로 우승할 수 있다.
(　　　　　)

33) 우리 食口는 모두 과일을 좋아한다.
(　　　　　)

34) 우리에게 生水는 귀중한 것이다.
(　　　　　)

마. 다음 훈음에 맞는 한자를 쓰시오.

본보기 : 효도 효 (孝)

35) 도끼 근 (   ) 36) 각시 씨 (   )

37) 쌀   미 (   ) 38) 쓸   용 (   )

39) 저녁 석 (   ) 40) 비   우 (   )

41) 말씀 언 (   ) 42) 양   양 (   )

바. 다음 한자의 뜻이 상대되는 한자를 쓰시오.

본보기 : 上 ↔ 下

43) 手 ↔ ◯

44) 大 ↔ ◯

사. 다음 한자어의 뜻을 쓰시오.

본보기 : 孝道 (부모를 잘 섬기는 도리)

45) 身長 (   )

아. 다음의 단어를 한자로 바꿔 쓰시오.

본보기 : 효도:부모를 잘 섬기는 도리(孝道)

46) 부자 : 아버지와 아들 (   )

47) 어패 : 물고기와 조개 (   )

자. 다음의 한자는 몇 획인가?

본보기 : 孝 : ⑦ 획

48) 角 : [   ] 획

차. 다음 물음에 맞는 답을 한자로 쓰시오.

본보기 : 부모를 잘 섬기는 도리를
(孝)(道) 라 한다.

49) 꿩과의 새로 목과 다리는 털이 없고 여
러 색으로 변색한다 하여 언행에 줏대가
없이 이랬다 저랬다 하는 사람을 비유하
는 새의 이름은? (   ) (   ) (   )

50) 서울에 있던 네 대문으로 동쪽의 흥인문
서쪽의 돈의문, 남쪽의 숭례문, 북쪽의
숙정문을 일컬어 (   ) (   ) (   )
이라 한다.

7급 예 상 문 제 2회

대한민국한자자격검정시험   성명(   )   점수   점

가. 다음 한자어의 독음을 쓰시오.

본보기 : 孝道（효도）

1) 七夕(   ) 2) 三寸(   )

3) 非行(   ) 4) 手足(   )

5) 長魚(   ) 6) 白衣(   )

7) 牛馬(   ) 8) 乙支(   )

9) 戶口(   ) 10) 大門(   )

다. 다음 한자의 훈음을 쓰시오.

본보기 : 孝（효도 효）

16) 里 (   ) 17) 弓 (   )

18) 心 (   ) 19) 氏 (   )

20) 貝 (   ) 21) 靑 (   )

22) 用 (   ) 23) 走 (   )

24) 米 (   ) 25) 竹 (   )

26) 斗 (   ) 27) 言 (   )

28) 立 (   ) 29) 矢 (   )

나. 다음 밑줄친 단어를 한자로 고쳐 쓰시오.

본보기 : 부모님께 **효도**를 하자.
（孝道）

11) <u>여자</u>의 덕은 네 가지가 있다.
(   )

12) <u>각목</u>은 조심해서 다루어야 한다.
(   )

13) 내일은 대동강 물도 풀린다는 <u>우수</u>이다.
(   )

14) 어릴 적 나의 고향 <u>산천</u>이 생각난다.
(   )

15) <u>자신</u>과의 싸움에서 이겨야만 한다.
(   )

라. 다음 밑줄친 한자의 독음을 쓰시오.

본보기 : 부모님께 **孝道**를 하자.
（효도）

30) 남북통일되어 <u>血肉</u>상봉이 이루어진다면..
(   )

31) 가영이는 은행에 <u>入金</u>하러 갔다.
(   )

32) 불에 익혀 먹는 것을 <u>火食</u>이라고 한다.
(   )

33) <u>羊毛</u>로 만든 옷은 역시 따뜻하다.
(   )

34) 옛날에는 <u>人力車</u>를 타고 다녔다.
(   )

마. 다음 훈음에 맞는 한자를 쓰시오.

본보기 : 효도 효 (孝)

35) 달 감 (   ) 36) 장인 공 (   )

37) 혀 설 (   ) 38) 가로 왈 (   )

39) 귀 이 (   ) 40) 작을 소 (   )

41) 보일 시 (   ) 42) 그칠 지 (   )

바. 다음 한자의 뜻이 상대되는 한자를 쓰시오.

본보기 : 上 ↔ 下

43) 日 ↔ ⃝

44) 干 ↔ ⃝

사. 다음 한자어의 뜻을 쓰시오.

본보기 : 孝道 (부모를 잘 섬기는 도리)

45) 方面 (   )

아. 다음의 단어를 한자로 바꿔 쓰시오.

본보기 : 효도:부모를 잘 섬기는 도리(孝道)

46) 옥색 : 약간 파르스름한 빛깔 (   )

47) 고견 : 남의 의견의 존칭 (   )

자. 다음의 한자는 몇 획인가?

본보기 : 孝 : 7 획

48) 比 : ☐ 획

차. 다음 물음에 맞는 답을 한자로 쓰시오.

본보기 : 부모를 잘 섬기는 도리를
(孝)(道) 라 한다.

49) 많은 것 가운데서 가장 적은 것을 비유
할 때 九 (   ) 一 (   ) 라 한다.

50) 한 가지 일을 하며 두 가지 이득을 얻는
것을 一 (   ) 二 (   ) 라 한다.

7급 예상문제 3회

대한민국한자자격검정시험   성명 (   )   점수   점

가. 다음 한자어의 독음을 쓰시오.

본보기 : 孝道 (효도)

1) 長足 (   )   2) 手工 (   )

3) 十里 (   )   4) 八方 (   )

5) 魚貝 (   )   6) 自己 (   )

7) 入力 (   )   8) 干支 (   )

9) 小臣 (   )   10) 口舌 (   )

다. 다음 한자의 훈음을 쓰시오.

본보기 : 孝 (효도 효)

16) 又 (   )   17) 肉 (   )

18) 目 (   )   19) 犬 (   )

20) 士 (   )   21) 豆 (   )

22) 立 (   )   23) 土 (   )

24) 門 (   )   25) 雨 (   )

26) 夕 (   )   27) 戶 (   )

28) 羊 (   )   29) 斤 (   )

나. 다음 밑줄친 단어를 한자로 고쳐 쓰시오.

본보기 : 부모님께 **효도**를 하자.
(孝道)

11) 그의 비행을 우리가 바르게 고쳐주자.
(   )

12) 검도에서 훈련할 때는 죽도를 사용한다.
(   )

13) 선생님의 고견을 잘들었습니다.
(   )

14) 부녀란 아버지와 딸을 이르는 말이다.
(   )

15) 너는 남의 이목을 생각해 보았느냐?
(   )

라. 다음 밑줄친 한자의 독음을 쓰시오.

본보기 : 부모님께 **孝道**를 하자.
(효도)

30) 그는 食言을 서슴치 않는다.
(   )

31) 나에게는 엄한 三寸이 한 분 계신다.
(   )

32) 요즈음 네 血色이 좋아 졌구나.
(   )

33) 白馬타고 오는 왕자를 기다리는 소녀!
(   )

34) 우리 반에도 金氏가 제일 많다.
(   )

마. 다음 훈음에 맞는 한자를 쓰시오.

| 본보기 : 효도 효 (孝) |

35) 뿔　　각 (　　) 36) 말　　두 (　　)

37) 활　　궁 (　　) 38) 수레 거 (　　)

39) 새　　조 (　　) 40) 밭　　전 (　　)

41) 옷　　의 (　　) 42) 일곱 칠 (　　)

바. 다음 한자의 뜻이 상대되는 한자를 쓰시오.

| 본보기 : 上 ↔ 下 |

43)　山　↔　◯

44)　水　↔　◯

사. 다음 한자어의 뜻을 쓰시오.

| 본보기 : 孝道 (부모를 잘 섬기는 도리) |

45) 木石 (　　　　　　　　　　)

아. 다음의 단어를 한자로 바꿔 쓰시오.

| 본보기 : 효도:부모를 잘 섬기는 도리(孝道) |

46) 인면 : 사람의 얼굴　　(　　　　　　)

47) 수족 : 손과 발　　　　(　　　　　　)

자. 다음의 한자는 몇 획인가?

| 본보기 : 孝 : 7 획 |

48) 靑 : ☐ 획

차. 다음 물음에 맞는 답을 한자로 쓰시오.

| 본보기 : 부모를 잘 섬기는 도리를 (孝)(道) 라 한다. |

49) 남의 힘을 입지 않고 스스로 서는 것을
(　　　) (　　　) 이라 한다.

50) 아버지의 형제를 (　　　) (　　　)
이라 한다.

7급 예상문제 4회

대한민국한자자격검정시험　　성명 (　　　　)　　점수　　점

가. 다음 한자어의 독음을 쓰시오.

본보기 : 孝道 (효도)

1) 水力 (　　　)　2) 長身 (　　　)

3) 甘言 (　　　)　4) 牛角 (　　　)

5) 干支 (　　　)　6) 五目 (　　　)

7) 羊毛 (　　　)　8) 魚貝 (　　　)

9) 七夕 (　　　)　10) 火木 (　　　)

다. 다음 한자의 훈음을 쓰시오.

본보기 : 孝 (효도 효)

16) 文 (　　　)　17) 犬 (　　　)

18) 臣 (　　　)　19) 衣 (　　　)

20) 川 (　　　)　21) 斗 (　　　)

22) 非 (　　　)　23) 曰 (　　　)

24) 谷 (　　　)　25) 六 (　　　)

26) 乙 (　　　)　27) 小 (　　　)

28) 八 (　　　)　29) 田 (　　　)

나. 다음 밑줄친 단어를 한자로 고쳐 쓰시오.

본보기 : 부모님께 **효도**를 하자.
　　　　　(孝道)

11) 우리는 <u>삼월</u>이면 항상 새로워진다.
　　(　　　　)

12) 나는 <u>면도</u>를 하시는 아버님께 물을 드렸다.
　　(　　　　)

13) 나는 <u>사촌</u> 누나를 제일 좋아한다.
　　(　　　　)

14) 이 작품은 <u>심혈</u>을 기울여 완성한 것이다.
　　(　　　　)

15) 영화에서나 <u>마차</u>를 볼 수 있게 되었다.
　　(　　　　)

라. 다음 밑줄친 한자의 독음을 쓰시오.

본보기 : 부모님께 **孝道**를 하자.
　　　　　(효도)

30) 오늘은 내 동생 <u>生日</u>이다.
　　(　　　　)

31) 네 말이 <u>一見</u> 옳은 듯 싶구나.
　　(　　　　)

32) <u>自己</u>가 한 말에 대해 책임을 질줄 알라.
　　(　　　　)

33) 예전에는 <u>大門</u>이 없는 집이 많았다.
　　(　　　　)

34) 오늘날 <u>白金</u>은 귀중한 산업소재이다.
　　(　　　　)

마. 다음 훈음에 맞는 한자를 쓰시오.

> 본보기 : 효도 효 (孝)

35) 구슬 옥 (　　) 36) 쓸　용 (　　)

37) 새　조 (　　) 38) 대　죽 (　　)

39) 귀　이 (　　) 40) 쌀　미 (　　)

41) 창　과 (　　) 42) 마을 리 (　　)

바. 다음 한자의 뜻이 상대되는 한자를 쓰시오.

> 본보기 : 上 ↔ ⓣ

43) 子 ↔ ◯

44) 手 ↔ ◯

사. 다음 한자어의 뜻을 쓰시오.

> 본보기 : 孝道 (부모를 잘 섬기는 도리)

45) 肉食 (　　　　　　　　　　　　)

아. 다음의 단어를 한자로 바꿔 쓰시오.

> 본보기 : 효도:부모를 잘 섬기는 도리(孝道)

46) 입문 : 처음으로 들어감 (　　　　　　)

47) 주행 : 달음질하여 감 (　　　　　　)

자. 다음의 한자는 몇 획인가?

> 본보기 : 孝 : ⑦ 획

48) 雨 : ☐ 획

차. 다음 물음에 맞는 답을 한자로 쓰시오.

> 본보기 : 부모를 잘 섬기는 도리를
> (孝)(道) 라 한다.

49) 사람이 저마다 달라 가지각색임을 뜻하는 한자성어를 (　　)人(　　)色 이라 한다.

50) 돌을 다루어 물건을 만드는 사람을 일컬어 (　　)(　　) 라 한다.

7급　**48**　급수한자

7급 예상문제 5회

대한민국한자자격검정시험   성명 (   )   점수   점

가. 다음 한자어의 독음을 쓰시오.

본보기 : 孝道 (효도)

1) 三角(   ) 2) 自己(   )
3) 血肉(   ) 4) 大馬(   )
5) 身行(   ) 6) 四寸(   )
7) 七夕(   ) 8) 女大(   )
9) 金氏(   ) 10) 立食(   )

다. 다음 한자의 훈음을 쓰시오.

본보기 : 孝 (효도 효)

16) 九 (   ) 17) 斤 (   )
18) 米 (   ) 19) 止 (   )
20) 戶 (   ) 21) 乙 (   )
22) 見 (   ) 23) 田 (   )
24) 干 (   ) 25) 戈 (   )
26) 文 (   ) 27) 曰 (   )
28) 魚 (   ) 29) 支 (   )

나. 다음 밑줄친 단어를 한자로 고쳐 쓰시오.

본보기 : 부모님께 **효도**를 하자.
(孝道)

11) 결승점을 앞두고 역주했다.
(   )
12) 나이팅게일은 백의의 천사다.
(   )
13) 이번 대회는 각지의 고수들이 다 모였다.
(   )
14) 부자간에 친함이 있어야 한다.
(   )
15) 여러분! 소식은 장수의 비결입니다.
(   )

라. 다음 밑줄친 한자의 독음을 쓰시오.

본보기 : 부모님께 **孝道**를 하자.
(효도)

30) 요즈음은 石工을 보기 힘들다.
(   )
31) 기관차를 중국에서는 火車라고 부른다.
(   )
32) 木工일은 아주 힘들지만 재미있다.
(   )
33) 靑山은 예나 지금이나 변함없이 푸르다.
(   )
34) 이 方面에서는 그사람이 전문가다.
(   )

마. 다음 훈음에 맞는 한자를 쓰시오.

본보기 : 효도 효 (孝)

35) 혀 설 (　　) 36) 골 곡 (　　)

37) 아닐 비 (　　) 38) 조개 패 (　　)

39) 벼 화 (　　) 40) 보일 시 (　　)

41) 견줄 비 (　　) 42) 쓸 용 (　　)

바. 다음 한자의 뜻이 상대되는 한자를 쓰시오.

본보기 : 上 ↔ 下

43) 弓 ↔ ◯

44) 日 ↔ ◯

사. 다음 한자어의 뜻을 쓰시오.

본보기 : 孝道 (부모를 잘 섬기는 도리)

45) 耳目 (　　　　　　　　　)

아. 다음의 단어를 한자로 바꿔 쓰시오.

본보기 : 효도:부모를 잘 섬기는 도리(孝道)

46) 양모 : 양의 털 (　　　　　　)

47) 인심 : 사람의 마음 (　　　　　　)

자. 다음의 한자는 몇 획인가?

본보기 : 孝 : ⑦ 획

48) 色 : □ 획

차. 다음 물음에 맞는 답을 한자로 쓰시오.

본보기 : 부모를 잘 섬기는 도리를
(孝)(道) 라 한다.

49) 맏아들을 다른 말로 (　　) (　　)
라 한다.

50) 해.산.물.돌.구름.소나무.불로초.거북.학.
사슴의 열 가지의 물건은 장생불사한다
하여 (　　) (　　) (　　) 이라 한다.

7급   예 상 문 제   6회

대한민국한자자격검정시험   성명 (   )   점수   점

가. 다음 한자어의 독음을 쓰시오.

본보기 : 孝道 (효도)

1) 文臣 (   ) 2) 靑色 (   )

3) 金石 (   ) 4) 六月 (   )

5) 甘言 (   ) 6) 弓矢 (   )

7) 非行 (   ) 8) 火木 (   )

9) 干支 (   ) 10) 小刀 (   )

다. 다음 한자의 훈음을 쓰시오.

본보기 : 孝 (효도 효)

16) 斗 (   ) 17) 斤 (   )

18) 禾 (   ) 19) 米 (   )

20) 貝 (   ) 21) 用 (   )

22) 寸 (   ) 23) 止 (   )

24) 示 (   ) 25) 立 (   )

26) 舌 (   ) 27) 父 (   )

28) 犬 (   ) 29) 羊 (   )

나. 다음 밑줄친 단어를 한자로 고쳐 쓰시오.

본보기 : 부모님께 **효도**를 하자.
(孝道)

11) 재주가 많은 사람을 팔방미인이라 한다.
(   )

12) 의식이 족해야 예절을 안다고 했다.
(   )

13) 사면이 분홍빛 건물로 둘러싸여 있다.
(   )

14) 이 작품은 수공으로 제작되었다.
(   )

15) 우리는 새벽마다 생수를 떠온다.
(   )

라. 다음 밑줄친 한자의 독음을 쓰시오.

본보기 : 부모님께 **孝道**를 하자.
(효도)

30) 옛날에는 人力車를 타고 다녔다.
(   )

31) 우리 아버지는 長魚구이를 좋아하신다.
(   )

32) 미국 사람 대부분은 白人이라고 한다.
(   )

33) 竹馬를 타고 놀던 어릴적 벗들이 그립다.
(   )

34) 自身이 옳다고 생각하는 것을 해보아라.
(   )

마. 다음 훈음에 맞는 한자를 쓰시오.

본보기 : 효도 효 (孝)

35) 볼   견 (   ) 36) 저녁 석 (   )

37) 발   족 (   ) 38) 견줄 비 (   )

39) 지게 호 (   ) 40) 각시 씨 (   )

41) 마음 심 (   ) 42) 달릴 주 (   )

바. 다음 한자의 뜻이 상대되는 한자를 쓰시오.

본보기 : 上 ↔ 下

43) 山   ↔   ◯

44) 子   ↔   ◯

사. 다음 한자어의 뜻을 쓰시오.

본보기 : 孝道 (부모를 잘 섬기는 도리)

45) 高大 (   )

아. 다음의 단어를 한자로 바꿔 쓰시오.

본보기 : 효도:부모를 잘 섬기는 도리(孝道)

46) 입구 : 들어가는 문   (   )

47) 혈육 : 자기 소생의 자녀 (   )

자. 다음의 한자는 몇 획인가?

본보기 : 孝 : 7 획

48) 鳥 : [   ] 획

차. 다음 물음에 맞는 답을 한자로 쓰시오.

본보기 : 부모를 잘 섬기는 도리를
(孝)(道) 라 한다.

49) 익히지 않고 날로 먹는 것을 말할 때
(   ) (   ) 이라 한다.

50) 개천절은 (   ) 월 (   ) 일 이다.

7급 예상문제 7회

대한민국한자자격검정시험   성명 (   )   점수   점

가. 다음 한자어의 독음을 쓰시오.

본보기 : 孝道 (효도)

1) 入口 (   )   2) 三寸 (   )
3) 耳目 (   )   4) 白金 (   )
5) 火車 (   )   6) 方面 (   )
7) 甘言 (   )   8) 靑竹 (   )
9) 羊毛 (   )   10) 干戈 (   )

다. 다음 한자의 훈음을 쓰시오.

본보기 : 孝 (효도 효)

16) 八 (   )   17) 六 (   )
18) 支 (   )   19) 鳥 (   )
20) 肉 (   )   21) 自 (   )
22) 乙 (   )   23) 貝 (   )
24) 禾 (   )   25) 斤 (   )
26) 谷 (   )   27) 九 (   )
28) 示 (   )   29) 玉 (   )

나. 다음 밑줄친 단어를 한자로 고쳐 쓰시오.

본보기 : 부모님께 **효도**를 하자.
(孝道)

11) 정성으로 토목공사를 하였다.
(   )
12) 먹는 물을 식수라고 한다.
(   )
13) 상대팀은 장신 선수가 많더라.
(   )
14) 자녀의 잘못을 바로잡아 주십시오.
(   )
15) 이 자동차의 엔진은 몇 마력이냐?
(   )

라. 다음 밑줄친 한자의 독음을 쓰시오.

본보기 : 부모님께 **孝道**를 하자.
(효도)

30) 남의 耳目을 두려워할 줄 알라.
(   )
31) 저 산은 石山이라 오르기가 어렵겠다.
(   )
32) 走行중에 핸드폰을 사용하면 위험하다.
(   )
33) 生父를 찾으려고 외국에서 돌아왔다.
(   )
34) 드디어 그가 四角의 링에 복귀했다.
(   )

마. 다음 훈음에 맞는 한자를 쓰시오.

본보기 : 효도 효 (孝)

35) 볼   견 (   ) 36) 쌀   미 (   )

37) 글월 문 (   ) 38) 장인 공 (   )

39) 화살 시 (   ) 40) 여덟 팔 (   )

41) 혀   설 (   ) 42) 비   우 (   )

바. 다음 한자의 뜻이 상대되는 한자를 쓰시오.

본보기 : 上 ↔ 下

43) 日 ↔ ◯

44) 手 ↔ ◯

사. 다음 한자어의 뜻을 쓰시오.

본보기 : 孝道 (부모를 잘 섬기는 도리)

45) 門人 (   )

아. 다음의 단어를 한자로 바꿔 쓰시오.

본보기 : 효도:부모를 잘 섬기는 도리(孝道)

46) 심혈 : 있는 대로의 힘 (   )

47) 견마 : 개와 말   (   )

자. 다음의 한자는 몇 획인가?

본보기 : 孝 : ⑦ 획

48) 魚 : □ 획

차. 다음 물음에 맞는 답을 한자로 쓰시오.

본보기 : 부모를 잘 섬기는 도리를 (孝)(道) 라 한다.

49) 신분이 낮은 신하를 뜻하지만 신하가 임 금에게 대하여 자기를 낮추어 이르는 말 로 (   ) (   ) 이라 한다.

50) 음력 칠월 초 이렛날 밤으로 견우와 직녀 가 일년에 한번 오작교에서 만나는 날은 七月 (   ) (   )이라 한다.

7급   예상문제   8회

대한민국한자자격검정시험   성명 (   )   점수   점

가. 다음 한자어의 독음을 쓰시오.

본보기 : 孝道 (효도)

1) 小人 (   )   2) 大門 (   )

3) 木石 (   )   4) 水力 (   )

5) 干支 (   )   6) 耳目 (   )

7) 牛馬 (   )   8) 非行 (   )

9) 七夕 (   ) 10) 立身 (   )

다. 다음 한자의 훈음을 쓰시오.

본보기 : 孝 (효도 효)

16) 矢 (   ) 17) 土 (   )

18) 犬 (   ) 19) 用 (   )

20) 臣 (   ) 21) 斤 (   )

22) 比 (   ) 23) 車 (   )

24) 斗 (   ) 25) 己 (   )

26) 止 (   ) 27) 田 (   )

28) 弓 (   ) 29) 豆 (   )

나. 다음 밑줄친 단어를 한자로 고쳐 쓰시오.

본보기 : 부모님께 **효도**를 하자.
(孝道)

11) <u>십리</u>길도 한 걸음 부터라고 …….
(   )

12) 네 피부는 <u>백옥</u>처럼 곱구나!
(   )

13) 우리 누나가 <u>장녀</u>입니다.
(   )

14) 다음 <u>삼각</u>형의 높이를 구하면 얼마…
(   )

15) 이 <u>방면</u>으로 가는 차는 많습니다.
(   )

라. 다음 밑줄친 한자의 독음을 쓰시오.

본보기 : 부모님께 **孝道**를 하자.
(효도)

30) 할아버지는 오래전부터 <u>生食</u>을 하신다.
(   )

31) <u>血肉</u>의 정을 우리는 알고 있다.
(   )

32) 어제 모든 돈을 은행에 <u>入金</u>했다.
(   )

33) 나의 <u>手足</u>처럼 일해 주니 고맙구나.
(   )

34) <u>甘</u>言으로 나를 유혹하지 말아라.
(   )

마. 다음 훈음에 맞는 한자를 쓰시오.

본보기 : 효도 효 (孝)

35) 각시 씨 (   ) 36) 조개 패 (   )

37) 선비 사 (   ) 38) 다섯 오 (   )

39) 또   우 (   ) 40) 옷   의 (   )

41) 가로 왈 (   ) 42) 칼   도 (   )

바. 다음 한자의 뜻이 상대되는 한자를 쓰시오.

본보기 : 上 ↔ 下

43) 父 ↔ ◯

44) 山 ↔ ◯

사. 다음 한자어의 뜻을 쓰시오.

본보기 : 孝道 (부모를 잘 섬기는 도리)

45) 靑色 (   )

아. 다음의 단어를 한자로 바꿔 쓰시오.

본보기 : 효도:부모를 잘 섬기는 도리(孝道)

46) 호구 : 호수와 식구수 (   )

47) 사촌 : 아버지의 친형제의 아들 딸
        (   )

자. 다음의 한자는 몇 획인가?

본보기 : 孝 : ⑦ 획

48) 谷 : [   ] 획

차. 다음 물음에 맞는 답을 한자로 쓰시오.

본보기 : 부모를 잘 섬기는 도리를
        (孝)(道) 라 한다.

49) 탁월한 의견이나 남의 의견을 존칭하여
    (   ) (   ) 이라 한다.

50) 땅 속의 마그마가 땅 밖 위로 터져나와
    이루어진 산을 (   ) (   )이라
    한다.

7급 예 상 문 제 9회

대한민국한자자격검정시험   성명 (   )   점수   점

가. 다음 한자어의 독음을 쓰시오.

본보기 : 孝道 (효도)

1) 入門 (   ) 2) 高見 (   )

3) 人文 (   ) 4) 木手 (   )

5) 大小 (   ) 6) 火車 (   )

7) 石工 (   ) 8) 生父 (   )

9) 魚貝 (   ) 10) 雨衣 (   )

다. 다음 한자의 훈음을 쓰시오.

본보기 : 孝 (효도 효)

16) 六 (   ) 17) 舌 (   )

18) 米 (   ) 19) 禾 (   )

20) 靑 (   ) 21) 二 (   )

22) 竹 (   ) 23) 金 (   )

24) 走 (   ) 25) 耳 (   )

26) 足 (   ) 27) 矢 (   )

28) 曰 (   ) 29) 五 (   )

나. 다음 밑줄친 단어를 한자로 고쳐 쓰시오.

본보기 : 부모님께 **효도**를 하자.
(孝道)

11) 네게 참으로 면목이 없구나!
(   )

12) 범행 일체가 백일하에 드러났다!
(   )

13) 자기 자신을 믿고 최선을 다하여라.
(   )

14) 양모로 만든 모자를 선물로 받았다.
(   )

15) 옥색은 참으로 신비스럽게 느껴진다.
(   )

라. 다음 밑줄친 한자의 독음을 쓰시오.

본보기 : 부모님께 **孝道**를 하자.
(효도)

30) 四方을 둘러보아도 회색건물만 보인다.
(   )

31) 干支를 익혀두면 생활에 유익하다.
(   )

32) 八寸은 가까운 친척이다.
(   )

33) 전국에 水力 발전소가 몇 군데나 있을까?
(   )

34) 토요일 오후에 우리 食口는 다 모인다.
(   )

마. 다음 훈음에 맞는 한자를 쓰시오.

본보기 : 효도 효 (孝)

35) 새   조 (   ) 36) 보일 시 (   )

37) 새   을 (   ) 38) 창   과 (   )

39) 고기 육 (   ) 40) 긴   장 (   )

41) 마을 리 (   ) 42) 또   우 (   )

바. 다음 한자의 뜻이 상대되는 한자를 쓰시오.

본보기 : 上 ↔ 下

43) 女 ↔ ◯

44) 山 ↔ ◯

사. 다음 한자어의 뜻을 쓰시오.

본보기 : 孝道 (부모를 잘 섬기는 도리)

45) 牛角 (   )

아. 다음의 단어를 한자로 바꿔 쓰시오.

본보기 : 효도:부모를 잘 섬기는 도리(孝道)

46) 감언 : 달콤한 말   (   )

47) 행마 : 바둑. 장기 등의 말을 씀
            (   )

자. 다음의 한자는 몇 획인가?

본보기 : 孝 : 7 획

48) 臣 : [   ] 획

차. 다음 물음에 맞는 답을 한자로 쓰시오.

본보기 : 부모를 잘 섬기는 도리를
         (孝)(道) 라 한다.

49) 있는 대로의 힘을 다했다고 할 때 흔히
    (   ) (   )을 기울였다고 한다.

50) 우리의 자랑스런 문자를 만든 것을 기념
    하기 위한 한글날은 몇월 몇일인가?
    (   ) 월 (   ) 일

7급 **58** 급수한자

7급 예상문제 10회

대한민국한자자격검정시험   성명 (   )   점수   점

가. 다음 한자어의 독음을 쓰시오.

본보기 : 孝道 (효도)

1) 牛羊 (   )   2) 十干 (   )

3) 長女 (   )   4) 白衣 (   )

5) 心血 (   )   6) 夕食 (   )

7) 自力 (   )   8) 父子 (   )

9) 玉色 (   )   10) 耳目 (   )

나. 다음 밑줄친 단어를 한자로 고쳐 쓰시오.

본보기 : 부모님께 **효도**를 하자.
(孝道)

11) <u>청산</u>은 나를 보고 말없이 살라하네!
(   )

12) 산장 <u>입구</u>에 취사도구를 보관해 두었다.
(   )

13) 자기 <u>육신</u>을 항상 아낄 줄 알아야 한다.
(   )

14) 스스로 만족하는 것을 <u>자족</u>이라 한다.
(   )

15) 아버지와 자식 사이는 <u>일촌</u>이 된다.
(   )

다. 다음 한자의 훈음을 쓰시오.

본보기 : 孝 (효도 효)

16) 見 (   )   17) 立 (   )

18) 斤 (   )   19) 刀 (   )

20) 車 (   )   21) 土 (   )

22) 川 (   )   23) 支 (   )

24) 豆 (   )   25) 斗 (   )

26) 走 (   )   27) 示 (   )

28) 毛 (   )   29) 戈 (   )

라. 다음 밑줄친 한자의 독음을 쓰시오.

본보기 : 부모님께 **孝道**를 하자.
(효도)

30) <u>三角</u>형의 넓이 구하는 공식을 아느냐?
(   )

31) <u>非行</u> 청소년을 선도하는 것이 중요하다.
(   )

32) "<u>木馬</u>와 숙녀"를 다시 한번 읽고 싶다.
(   )

33) 내 생일은 <u>六月六日</u> 현충일이다.
(   )

34) <u>石工</u>은 돌을 다루는 사람이다.
(   )

마. 다음 훈음에 맞는 한자를 쓰시오.

본보기 : 효도 효 (孝)

35) 문   문 (   ) 36) 각시 씨 (   )

37) 새   조 (   ) 38) 쓸   용 (   )

39) 견줄 비 (   ) 40) 그칠 지 (   )

41) 비   우 (   ) 42) 달   감 (   )

바. 다음 한자의 뜻이 상대되는 한자를 쓰시오.

본보기 : 上 ↔ 下

43) 大 ↔ ◯

44) 水 ↔ ◯

사. 다음 한자어의 뜻을 쓰시오.

본보기 : 孝道 (부모를 잘 섬기는 도리)

45) 自己 (   )

아. 다음의 단어를 한자로 바꿔 쓰시오.

본보기 : 효도:부모를 잘 섬기는 도리(孝道)

46) 문신 : 문관인 신하   (   )

47) 금석 : 대단히 굳고 단단한 것 (   )

자. 다음의 한자는 몇 획인가?

본보기 : 孝 : 7 획

48) 面 : ☐ 획

차. 다음 물음에 맞는 답을 한자로 쓰시오.

본보기 : 부모를 잘 섬기는 도리를
(孝)(道) 라 한다.

49) (   ) (   )은 손과 발이라는 뜻과
손발과 같이 마음대로 부리는 사람을
뜻한다.
·

50) 네 방위 즉, 동.서.남.북을 통털어서
(   ) (   ) 이라 한다.

7급 **60** 급수한자

7급 예상문제 11회

대한민국한자자격검정시험   성명 (   )   점수   점

가. 다음 한자어의 독음을 쓰시오.

본보기 : 孝道 (효도)

1) 心血 (   )   2) 子女 (   )
3) 魚肉 (   )   4) 白金 (   )
5) 羊毛 (   )   6) 耳目 (   )
7) 甘言 (   )   8) 高土 (   )
9) 文臣 (   )   10) 八月 (   )

다. 다음 한자의 훈음을 쓰시오.

본보기 : 孝 (효도 효)

16) 入 (   )   17) 見 (   )
18) 谷 (   )   19) 門 (   )
20) 靑 (   )   21) 非 (   )
22) 走 (   )   23) 矢 (   )
24) 舌 (   )   25) 鳥 (   )
26) 五 (   )   27) 氏 (   )
28) 支 (   )   29) 六 (   )

나. 다음 밑줄친 단어를 한자로 고쳐 쓰시오.

본보기 : 부모님께 **효도**를 하자.
(孝道)

11) 비가 오니 우의를 입고 가야겠다.
(   )

12) 네 신장이 얼마나 되느냐?
(   )

13) 수면 위에 떠 있는 저 것은 무엇일까?
(   )

14) 우리 나라는 산천이 매우 아름답다.
(   )

15) 쇠뿔을 우각이라 한다.
(   )

라. 다음 밑줄친 한자의 독음을 쓰시오.

본보기 : 부모님께 **孝道**를 하자.
(효도)

30) 나에게는 四寸 동생이 있다.
(   )

31) 아직도 火田으로 농사짓는 곳이 있을까?
(   )

32) 나도 어제 石弓을 쏘아 보았다.
(   )

33) 馬車에 싣고 간 것을 보았느냐?
(   )

34) 이 산에는 희귀식물들이 自生하고 있다.
(   )

마. 다음 훈음에 맞는 한자를 쓰시오.

| 본보기 : 효도 효 (孝) |

35) 견줄 비 (   ) 36) 콩   두 (   )

37) 조개 패 (   ) 38) 그칠 지 (   )

39) 아홉 구 (   ) 40) 다닐 행 (   )

41) 빛   색 (   ) 42) 설   립 (   )

아. 다음의 단어를 한자로 바꿔 쓰시오.

| 본보기 : 효도:부모를 잘 섬기는 도리(孝道) |

46) 인력 : 사람의 힘   (   )

47) 일방 : 한쪽. 한편. 일면 (   )

자. 다음의 한자는 몇 획인가?

| 본보기 : 孝 : ⑦ 획 |

바. 다음 한자의 뜻이 상대되는 한자를 쓰시오.

| 본보기 : 上 ↔ 下 |

48) 里 : ☐ 획

43) 手 ↔ ○

44) 干 ↔ ○

차. 다음 물음에 맞는 답을 한자로 쓰시오.

| 본보기 : 부모를 잘 섬기는 도리를 (孝)(道) 라 한다. |

49) 부모에 대해 자식이 자신을 말할 때 (   ) (   ) 라 한다.

사. 다음 한자어의 뜻을 쓰시오.

| 본보기 : 孝道 (부모를 잘 섬기는 도리) |

45) 食用 (   )

50) 나무를 재료로 여러 가지 물건을 만드는 일을 하는 것을 (   ) (   )이라 한다.

7급 예상문제 12회

대한민국한자자격검정시험   성명 (   )   점수   점

가. 다음 한자어의 독음을 쓰시오.

본보기 : 孝道 (효도)

1) 三角 (   )   2) 女工 (   )
3) 干戈 (   )   4) 竹刀 (   )
5) 火車 (   )   6) 人心 (   )
7) 山川 (   )   8) 八寸 (   )
9) 羊毛 (   )   10) 四月 (   )

다. 다음 한자의 훈음을 쓰시오.

본보기 : 孝 (효도 효)

16) 七 (   )   17) 斗 (   )
18) 非 (   )   19) 夕 (   )
20) 舌 (   )   21) 血 (   )
22) 戶 (   )   23) 犬 (   )
24) 用 (   )   25) 里 (   )
26) 身 (   )   27) 又 (   )
28) 父 (   )   29) 玉 (   )

나. 다음 밑줄친 단어를 한자로 고쳐 쓰시오.

본보기 : 부모님께 **효도**를 하자.
(孝道)

11) 아주머니 여기 육수 좀 더 주세요.
(   )
12) 그이는 목석처럼 꿈쩍도 하지 않는다.
(   )
13) 나는 집안의 장자로서 책임감을 느낀다.
(   )
14) 주행 속도가 너무 빠르다.
(   )
15) 백조들이 호수에서 한가롭게 놀고 있다.
(   )

라. 다음 밑줄친 한자의 독음을 쓰시오.

본보기 : 부모님께 **孝道**를 하자.
(효도)

30) 바둑에서 大馬는 잘 죽지 않는다던데....
(   )
31) 선생님 面目 없습니다.
(   )
32) 장수한 사람들은 대개 小食한다.
(   )
33) 高見을 보내주셔서 대단히 감사합니다.
(   )
34) 自立한 네 모습이 무척이나 대견하구나.
(   )

마. 다음 훈음에 맞는 한자를 쓰시오.

본보기 : 효도 효 (孝)

35) 날   생 (   ) 36) 견줄 비 (   )

37) 보일 시 (   ) 38) 그칠 지 (   )

39) 문   문 (   ) 40) 지탱할지 (   )

41) 골   곡 (   ) 42) 귀   이 (   )

바. 다음 한자의 뜻이 상대되는 한자를 쓰시오.

본보기 : 上 ↔ 下

43) 手 ↔ ( )

44) 弓 ↔ ( )

사. 다음 한자어의 뜻을 쓰시오.

본보기 : 孝道 (부모를 잘 섬기는 도리)

45) 文臣 (   )

아. 다음의 단어를 한자로 바꿔 쓰시오.

본보기 : 효도:부모를 잘 섬기는 도리(孝道)

46) 우의 : 비 옷   (   )

47) 청어 : 청어과의 바다 물고기 (   )

자. 다음의 한자는 몇 획인가?

본보기 : 孝 : 7 획

48) 金 : [   ] 획

차. 다음 물음에 맞는 답을 한자로 쓰시오.

본보기 : 부모를 잘 섬기는 도리를
         (孝)(道) 라 한다.

49) 각 지방에서 사용하는 말을 (   ) (   )
    이라 한다.

50) 컴퓨터에서 문자나 숫자를 기억시키는
    일을 (   ) (   ) 이라 한다.

7급 예상문제 13회

대한민국한자자격검정시험 성명 (   ) 점수   점

가. 다음 한자어의 독음을 쓰시오.

본보기 : 孝道 (효도)

1) 青魚 (   )   2) 日月 (   )

3) 十干 (   )   4) 金氏 (   )

5) 女高 (   )   6) 竹馬 (   )

7) 羊毛 (   )   8) 雨衣 (   )

9) 七夕 (   )   10) 八寸 (   )

다. 다음 한자의 훈음을 쓰시오.

본보기 : 孝 (효도 효)

16) 支 (   )   17) 又 (   )

18) 弓 (   )   19) 角 (   )

20) 白 (   )   21) 甘 (   )

22) 六 (   )   23) 九 (   )

24) 見 (   )   25) 舌 (   )

26) 止 (   )   27) 乙 (   )

28) 五 (   )   29) 四 (   )

나. 다음 밑줄친 단어를 한자로 고쳐 쓰시오.

본보기 : 부모님께 **효도**를 하자.
(孝道)

11) <u>삼면</u>이 바다로 쌓여 있는 반도국가이다.
(   )

12) 마을 <u>입구</u>에 놀이터가 생겼다.
(   )

13) <u>심혈</u>을 기울여 작품을 제작하였다.
(   )

14) 이번 경기에 세계의 <u>이목</u>이 집중되었다.
(   )

15) <u>식수</u>마저 오염되었다니 할 말이 없다.
(   )

라. 다음 밑줄친 한자의 독음을 쓰시오.

본보기 : 부모님께 **孝道**를 하자.
(효도)

30) <u>石工</u>의 숨결이 들리는 것 같다.
(   )

31) <u>父子</u>사이에는 마음의 벽을 허물어야 한다.
(   )

32) 사람이 죽으면 <u>肉身</u>은 흙으로 변한다.
(   )

33) 내일 <u>火力</u> 발전소에 견학 간다.
(   )

34) <u>非行</u> 청소년들이 날로 늘어나고 있다.
(   )

마. 다음 훈음에 맞는 한자를 쓰시오.

본보기 : 효도 효 (孝)

35) 마을 리 (   ) 36) 빛   색 (   )

37) 견줄 비 (   ) 38) 나무 목 (   )

39) 새   조 (   ) 40) 쌀   미 (   )

41) 소   우 (   ) 42) 지게 호 (   )

바. 다음 한자의 뜻이 상대되는 한자를 쓰시오.

본보기 : 上 ↔ 下

43) 山 ↔ ◯

44) 大 ↔ ◯

사. 다음 한자어의 뜻을 쓰시오.

본보기 : 孝道 (부모를 잘 섬기는 도리)

45) 自足 (   )

아. 다음의 단어를 한자로 바꿔 쓰시오.

본보기 : 효도:부모를 잘 섬기는 도리(孝道)

46) 용언 : 서술작용을 하는 단어 (   )

47) 장문 : 긴 글   (   )

자. 다음의 한자는 몇 획인가?

본보기 : 孝 : 7 획

48) 車 : [   ] 획

차. 다음 물음에 맞는 답을 한자로 쓰시오.

본보기 : 부모를 잘 섬기는 도리를
        (孝)(道) 라 한다.

49) 사회적 지위가 있는 사람을 (   ) (   ) 라 한다.

50) 북쪽 방향을 (   ) (   )이라 한다.

7급 예상문제 14회

대한민국한자자격검정시험   성명 (   )   점수   점

가. 다음 한자어의 독음을 쓰시오.

본보기 : 孝道 (효도)

1) 血肉 (   )   2) 方面 (   )
3) 乙支 (   )   4) 手足 (   )
5) 靑色 (   )   6) 生父 (   )
7) 走行 (   )   8) 八寸 (   )
9) 七夕 (   )   10) 羊毛 (   )

나. 다음 밑줄친 단어를 한자로 고쳐 쓰시오.

본보기 : 부모님께 **효도**를 하자.
(孝道)

11) 이번 비에 수문을 열어 피해가 더 컸다.
(   )
12) 노동의 대가로 백미 세 가마를 받았다.
(   )
13) 우리 나라의 여자 양궁은 세계 제일이다.
(   )
14) 육십 살을 회갑, 혹은 환갑이라 한다.
(   )
15) 오늘 점심때 장어 구이를 먹고 싶다.
(   )

다. 다음 한자의 훈음을 쓰시오.

본보기 : 孝 (효도 효)

16) 貝 (   )   17) 言 (   )
18) 干 (   )   19) 甘 (   )
20) 斤 (   )   21) 斗 (   )
22) 竹 (   )   23) 曰 (   )
24) 入 (   )   25) 川 (   )
26) 禾 (   )   27) 田 (   )
28) 弓 (   )   29) 玉 (   )

라. 다음 밑줄친 한자의 독음을 쓰시오.

본보기 : 부모님께 **孝道**를 하자.
(효도)

30) '火木'은 불과 나무가 아니라 땔나무이다.
(   )
31) 동생과 五目을 두어 동생이 이겼다.
(   )
32) 이번 장마비에 土石이 씻겨 내려왔다.
(   )
33) 心身이 모두 피곤하여 아무말도 하기 싫다.
(   )
34) 우리 食口는 주말이면 등산을 간다.
(   )

마. 다음 훈음에 맞는 한자를 쓰시오.

본보기 : 효도 효 (孝)

35) 혀　　설 (　　) 36) 개　　견 (　　)

37) 신하 신 (　　) 38) 몸　　기 (　　)

39) 쓸　　용 (　　) 40) 설　　립 (　　)

41) 보일 시 (　　) 42) 골　　곡 (　　)

바. 다음 한자의 뜻이 상대되는 한자를 쓰시오.

본보기 : 上 ↔ 下

43) 大　↔　◯

44) 日　↔　◯

사. 다음 한자어의 뜻을 쓰시오.

본보기 : 孝道 (부모를 잘 섬기는 도리)

45) 自力 (　　　　　　　　　　　　　)

아. 다음의 단어를 한자로 바꿔 쓰시오.

본보기 : 효도:부모를 잘 섬기는 도리(孝道)

46) 문인 : 문필에 종사하는 사람 (　　　)

47) 사각 : 네 모　　　　　　　(　　　)

자. 다음의 한자는 몇 획인가?

본보기 : 孝 : 7 획

48) 衣 : [　　　] 획

차. 다음 물음에 맞는 답을 한자로 쓰시오.

본보기 : 부모를 잘 섬기는 도리를
(孝)(道) 라 한다.

49) 소나 말이 끄는 수레를 (　)(　)(　)라 한다.

50) 녹슬지 않는 귀금속으로 은백색의 금속 원소를 (　　) (　　)이라 한다.

7급　**68**　급수한자

7급 예상문제 15회

대한민국한자자격검정시험   성명 (   )   점수   점

가. 다음 한자어의 독음을 쓰시오.

본보기 : 孝道 (효도)

1) 文臣 (   )   2) 心血 (   )
3) 肉牛 (   )   4) 木石 (   )
5) 靑魚 (   )   6) 十里 (   )
7) 弓矢 (   )   8) 手工 (   )
9) 馬車 (   )   10) 火田 (   )

다. 다음 한자의 훈음을 쓰시오.

본보기 : 孝 (효도 효)

16) 見 (   )   17) 川 (   )
18) 舌 (   )   19) 衣 (   )
20) 力 (   )   21) 甘 (   )
22) 非 (   )   23) 斗 (   )
24) 角 (   )   25) 用 (   )
26) 戶 (   )   27) 行 (   )
28) 豆 (   )   29) 立 (   )

나. 다음 밑줄친 단어를 한자로 고쳐 쓰시오.

본보기 : 부모님께 **효도**를 하자.
(孝道)

11) 재주가 많은 사람을 팔방미인이라 한다.
(   )
12) 동네 아이들이 죽도를 가지고 놀고 있다.
(   )
13) 삼촌과 놀이터에서 공놀이를 했다.
(   )
14) 동물원에서 칠면조를 처음 봤다.
(   )
15) 우리는 아침 운동 겸 생수를 뜨러 간다.
(   )

라. 다음 밑줄친 한자의 독음을 쓰시오.

본보기 : 부모님께 **孝道**를 하자.
(효도)

30) 여기저기에서 土人들이 몰려왔다.
(   )
31) 오늘은 干支에 대해서 배웠다.
(   )
32) 自身을 학대하는 것도 죄악이다.
(   )
33) 참으로 長足의 발전을 하였구나!
(   )
34) 入門한지 얼마 되지도 않았는데....
(   )

마. 다음 훈음에 맞는 한자를 쓰시오.

본보기 : 효도 효 (孝)

35) 여섯 륙 (   ) 36) 벼 화 (   )

37) 달릴 주 (   ) 38) 구슬 옥 (   )

39) 빛 색 (   ) 40) 털 모 (   )

41) 조개 패 (   ) 42) 귀 이 (   )

바. 다음 한자의 뜻이 상대되는 한자를 쓰시오.

본보기 : 上 ↔ 下

43) 子 ↔ ◯

44) 日 ↔ ◯

사. 다음 한자어의 뜻을 쓰시오.

본보기 : 孝道 (부모를 잘 섬기는 도리)

45) 大魚 (   )

아. 다음의 단어를 한자로 바꿔 쓰시오.

본보기 : 효도:부모를 잘 섬기는 도리(孝道)

46) 오목 : 바둑놀이의 한가지 (   )

47) 고수 : 수가 높은 사람 (   )

자. 다음의 한자는 몇 획인가?

본보기 : 孝 : 7 획

48) 高 : ☐ 획

차. 다음 물음에 맞는 답을 한자로 쓰시오.

본보기 : 부모를 잘 섬기는 도리를
(孝)(道) 라 한다.

49) 염소. 혹은 영양이라 부르는 것을
(   ) (   ) 이라 한다.

50) 한 집에서 함께 살면서 끼니를 같이하는
사람을 (   ) (   ) 라 한다.

7급 예상문제 16회

대한민국한자자격검정시험   성명 (   )   점수   점

가. 다음 한자어의 독음을 쓰시오.

본보기 : 孝道 (효도)

1) 貝玉(   )   2) 走行(   )

3) 十干(   )   4) 女高(   )

5) 方寸(   )   6) 土木(   )

7) 耳目(   )   8) 小臣(   )

9) 入口(   )   10) 一生(   )

다. 다음 한자의 훈음을 쓰시오.

본보기 : 孝 (효도 효)

16) 車 (   )   17) 矢 (   )

18) 非 (   )   19) 靑 (   )

20) 比 (   )   21) 田 (   )

22) 禾 (   )   23) 鳥 (   )

24) 犬 (   )   25) 六 (   )

26) 夕 (   )   27) 谷 (   )

28) 戈 (   )   29) 文 (   )

나. 다음 밑줄친 단어를 한자로 고쳐 쓰시오.

본보기 : 부모님께 **효도**를 하자.
(孝道)

11) <u>식수</u>마저 부족해진다면 어쩔 것인가?
(   )

12) <u>부자</u>간에는 친함이 있어야 한다.
(   )

13) 저명 <u>인사</u>가 내일 방문할 것이다.
(   )

14) <u>오각형</u>을 잘 그려보자.
(   )

15) <u>산천</u>을 잘 가꾸고 보존하자.
(   )

라. 다음 밑줄친 한자의 독음을 쓰시오.

본보기 : 부모님께 **孝道**를 하자.
(효도)

30) <u>血肉</u>의 정은 너무 뜨거웠다.
(   )

31) 철수는 은행에 <u>入金</u>하러 갔다.
(   )

32) 유럽 사람이라 해서 다 <u>白人</u>은 아니다.
(   )

33) <u>四大門</u>의 본래 이름을 알고 싶다.
(   )

34) <u>石工</u>의 손놀림은 신비롭기까지 하였다.
(   )

마. 다음 훈음에 맞는 한자를 쓰시오.

본보기 : 효도 효 (孝)

35) 옷   의 (   ) 36) 낯   면 (   )

37) 볼   견 (   ) 38) 털   모 (   )

39) 양   양 (   ) 40) 쓸   용 (   )

41) 또   우 (   ) 42) 빛   색 (   )

바. 다음 한자의 뜻이 상대되는 한자를 쓰시오.

본보기 : 上 ↔ (下)

43) 日 ↔ ◯

44) 手 ↔ ◯

사. 다음 한자어의 뜻을 쓰시오.

본보기 : 孝道 (부모를 잘 섬기는 도리)

45) 自身 (   )

아. 다음의 단어를 한자로 바꿔 쓰시오.

본보기 : 효도:부모를 잘 섬기는 도리(孝道)

46) 장어 : 뱀장어   (   )

47) 마력 : 말 한필의 힘에 해당하는 힘
              (   )

자. 다음의 한자는 몇 획인가?

본보기 : 孝 : ⑦ 획

48) 甘 : ☐ 획

차. 다음 물음에 맞는 답을 한자로 쓰시오.

본보기 : 부모를 잘 섬기는 도리를
         (孝)(道) 라 한다.

49) 앞서 한 말을 다르게 말하는 것을
    (   ) (   ) 이라 한다.

50) 희게 쓿은 멥쌀을 (   ) (   ) 라
    한다.

7급 예 상 문 제 17회

대한민국한자자격검정시험   성명 (   )   점수   점

가. 다음 한자어의 독음을 쓰시오.

본보기 : 孝道 (효도)

1) 文身 (   )   2) 水力 (   )

3) 心血 (   )   4) 五色 (   )

5) 魚肉 (   )   6) 大弓 (   )

7) 入口 (   )   8) 犬馬 (   )

9) 小臣 (   )   10) 行長 (   )

다. 다음 한자의 훈음을 쓰시오.

본보기 : 孝 (효도 효)

16) 衣 (   )   17) 止 (   )

18) 豆 (   )   19) 夕 (   )

20) 禾 (   )   21) 戶 (   )

22) 土 (   )   23) 斗 (   )

24) 羊 (   )   25) 比 (   )

26) 九 (   )   27) 己 (   )

28) 耳 (   )   29) 氏 (   )

나. 다음 밑줄친 단어를 한자로 고쳐 쓰시오.

본보기 : 부모님께 **효도**를 하자.
(孝道)

11) <u>청산</u>은 나를 보고 말없이 살라하네.
(   )

12) <u>석공</u>의 혼이 배어있는 탑이다.
(   )

13) 이번 경기는 <u>고수</u>들만 모인 것 같다.
(   )

14) <u>면목</u>없는 줄 알면서 왜 했느냐?
(   )

15) <u>사촌</u>누나가 어제 결혼했다.
(   )

라. 다음 밑줄친 한자의 독음을 쓰시오.

본보기 : 부모님께 **孝道**를 하자.
(효도)

30) <u>乙支</u>문덕 장군을 존경한다.
(   )

31) 어제 <u>入金</u>한 돈을 찾으러 갔다.
(   )

32) 불에 익혀 먹는 것을 <u>火食</u>이라고 한다.
(   )

33) 옛날에는 <u>人力車</u>를 타고 다녔다.
(   )

34) <u>竹刀</u>를 사용하여 경기를 하였다.
(   )

마. 다음 훈음에 맞는 한자를 쓰시오.

본보기 : 효도 효 (孝)

35) 마을 리 (   ) 36) 뿔   각 (   )

37) 달   감 (   ) 38) 새   조 (   )

39) 발   족 (   ) 40) 골   곡 (   )

41) 쓸   용 (   ) 42) 혀   설 (   )

아. 다음의 단어를 한자로 바꿔 쓰시오.

본보기 : 효도:부모를 잘 섬기는 도리(孝道)

46) 토목 : 흙과 나무   (   )

47) 자백 : 스스로의 죄를 고백함 (   )

바. 다음 한자의 뜻이 상대되는 한자를 쓰시오.

본보기 : 上 ↔ (下)

43) 子 ↔ ◯

44) 干 ↔ ◯

자. 다음의 한자는 몇 획인가?

본보기 : 孝 : ⑦ 획

48) 走 : [   ]   획

사. 다음 한자어의 뜻을 쓰시오.

본보기 : 孝道 (부모를 잘 섬기는 도리)

45) 牛毛 (   )

차. 다음 물음에 맞는 답을 한자로 쓰시오.

본보기 : 부모를 잘 섬기는 도리를
        (孝)(道) 라 한다.

49) 어버이날은 (   )月 (   )日 이다.

50) (   ) (   ) 은 한 개의 금이 아
    니라 전부의 돈을 뜻한다.

7급 **74** 급수한자

7급 예상문제 18회

대한민국한자자격검정시험   성명(   )   점수   점

가. 다음 한자어의 독음을 쓰시오.

본보기 : 孝道 (효도)

1) 工大(   )   2) 牛目(   )
3) 靑色(   )   4) 大門(   )
5) 高見(   )   6) 四寸(   )
7) 自己(   )   8) 乙支(   )
9) 文臣(   )   10) 六月(   )

다. 다음 한자의 훈음을 쓰시오.

본보기 : 孝 (효도 효)

16) 貝 (   )   17) 非 (   )
18) 魚 (   )   19) 走 (   )
20) 玉 (   )   21) 長 (   )
22) 氏 (   )   23) 金 (   )
24) 犬 (   )   25) 弓 (   )
26) 川 (   )   27) 又 (   )
28) 生 (   )   29) 土 (   )

나. 다음 밑줄친 단어를 한자로 고쳐 쓰시오.

본보기 : 부모님께 **효도**를 하자.
(孝道)

11) 육신이 건강해야 정신도 건강하다.
(   )
12) 나이팅게일은 백의의 천사다.
(   )
13) 석산이 무분별하게 파헤쳐져 있다.
(   )
14) 네 성격은 너무 소심한 것 같구나.
(   )
15) 칠석에는 견우와 직녀가 만나는 날이다.
(   )

라. 다음 밑줄친 한자의 독음을 쓰시오.

본보기 : 부모님께 **孝道**를 하자.
(효도)

30) 水面이 온갖 쓰레기로 덮여 있다.
(   )
31) 보물의 行方을 찾아라.
(   )
32) 子女들이 보는 앞에서는 싸우지 마세요.
(   )
33) "十里도 못 가서 발병 난다."
(   )
34) 상대방의 정보를 최대한 入手하라.
(   )

마. 다음 훈음에 맞는 한자를 쓰시오.

본보기 : 효도 효 (孝)

35) 불   화 (   ) 36) 혀   설 (   )

37) 피   혈 (   ) 38) 달   감 (   )

39) 비   우 (   ) 40) 새   조 (   )

41) 쓸   용 (   ) 42) 말   두 (   )

바. 다음 한자의 뜻이 상대되는 한자를 쓰시오.

본보기 : 上 ↔ 下

43) 日 ↔

44) 手 ↔

사. 다음 한자어의 뜻을 쓰시오.

본보기 : 孝道 (부모를 잘 섬기는 도리)

45) 小食 (   )

아. 다음의 단어를 한자로 바꿔 쓰시오.

본보기 : 효도:부모를 잘 섬기는 도리(孝道)

46) 의식 : 의복과 음식   (   )

47) 각목 : 각재로 된 나무 (   )

자. 다음의 한자는 몇 획인가?

본보기 : 孝 : ⑦ 획

48) 非 : □ 획

차. 다음 물음에 맞는 답을 한자로 쓰시오.

본보기 : 부모를 잘 섬기는 도리를
        (孝)(道) 라 한다.

49) 대칼이라고 하는 물건으로 검도연습에
    쓰는 대쪽 넷을 동여 매어 칼 대신으로
    쓰는 제구를 (   ) (   ) 라 한다.

50) 어떤 지방에 대대로 붙박이로 사는 사람
    을 (   ) (   ) 이라 한다.

7급 예상문제 19회

대한민국한자자격검정시험　　　성명 (　　　　)　　점수　　점

가. 다음 한자어의 독음을 쓰시오.

본보기 : 孝道 (효도)

1) 女子 (　　　)　2) 靑色 (　　　)

3) 雨衣 (　　　)　4) 血肉 (　　　)

5) 五目 (　　　)　6) 自行 (　　　)

7) 干支 (　　　)　8) 牛羊 (　　　)

9) 小臣 (　　　)　10) 七夕 (　　　)

다. 다음 한자의 훈음을 쓰시오.

본보기 : 孝 (효도 효)

16) 竹 (　　　)　17) 止 (　　　)

18) 谷 (　　　)　19) 又 (　　　)

20) 文 (　　　)　21) 米 (　　　)

22) 貝 (　　　)　23) 豆 (　　　)

24) 戈 (　　　)　25) 里 (　　　)

26) 六 (　　　)　27) 魚 (　　　)

28) 弓 (　　　)　29) 禾 (　　　)

나. 다음 밑줄친 단어를 한자로 고쳐 쓰시오.

본보기 : 부모님께 **효도**를 하자.
　　　　　(孝道)

11) 귀하의 고견을 보내주십시오.
　　　(　　　　)

12) 산천이 쓰레기로 몸살을 앓고 있다.
　　(　　　　)

13) 나는 사촌 누나를 제일 좋아한다.
　　　(　　　　)

14) 입구가 너무 좁아 애를 먹었다.
　　(　　　　)

15) 동네에 백차가 주차해 있어서 놀랐다.
　　　(　　　　)

라. 다음 밑줄친 한자의 독음을 쓰시오.

본보기 : 부모님께 **孝道**를 하자.
　　　　　(효도)

30) 오늘은 내 동생 生日이다.
　　　　　(　　　　)

31) 우리 오빠는 木工일을 한다.
　　　　(　　　　)

32) 그들은 三角 관계를 부정하지만……
　　　　(　　　　)

33) 예전에는 大門 없는 집이 많았다.
　　　　(　　　　)

34) 너는 十長生이 무엇 무엇인지 아느냐?
　　(　　　　)

마. 다음 훈음에 맞는 한자를 쓰시오.

본보기 : 효도 효 (孝)

35) 새   조 (   ) 36) 밭   전 (   )

37) 구슬 옥 (   ) 38) 쓸   용 (   )

39) 가로 왈 (   ) 40) 혀   설 (   )

41) 견줄 비 (   ) 42) 아닐 비 (   )

바. 다음 한자의 뜻이 상대되는 한자를 쓰시오.

본보기 : 上 ↔ 下

43) 身 ↔ ◯

44) 手 ↔ ◯

사. 다음 한자어의 뜻을 쓰시오.

본보기 : 孝道 (부모를 잘 섬기는 도리)

45) 土石 (   )

아. 다음의 단어를 한자로 바꿔 쓰시오.

본보기 : 효도:부모를 잘 섬기는 도리(孝道)

46) 일면 : 처음으로 한번 만나봄 (   )

47) 역주 : 힘껏 달림   (   )

자. 다음의 한자는 몇 획인가?

본보기 : 孝 : ⑦ 획

48) 馬 : □   획

차. 다음 물음에 맞는 답을 한자로 쓰시오.

본보기 : 부모를 잘 섬기는 도리를
(孝)(道) 라 한다.

49) (   )(   )이라는 말은 불과 나무라는
뜻이 아니라 땔나무를 뜻한다.

50) 열 가운데 여덟. 아홉을 나타내는 말로
확실한 것을 말할 때 (   ) 中(중)
(   ) 九 라 한다.

7급 78 급수한자

7급 예상문제 20회

대한민국한자자격검정시험   성명 (   )   점수   점

가. 다음 한자어의 독음을 쓰시오.

본보기 : 孝道 (효도)

1) 血肉 (   )   2) 牛角 (   )
3) 人文 (   )   4) 干支 (   )
5) 三寸 (   )   6) 馬車 (   )
7) 生父 (   )   8) 魚貝 (   )
9) 羊毛 (   )   10) 甘言 (   )

다. 다음 한자의 훈음을 쓰시오.

본보기 : 孝 (효도 효)

16) 戈 (   )   17) 川 (   )
18) 又 (   )   19) 比 (   )
20) 舌 (   )   21) 非 (   )
22) 用 (   )   23) 田 (   )
24) 鳥 (   )   25) 斗 (   )
26) 見 (   )   27) 立 (   )
28) 里 (   )   29) 乙 (   )

나. 다음 밑줄친 단어를 한자로 고쳐 쓰시오.

본보기 : 부모님께 **효도**를 하자.
(孝道)

11) 유명한 목수가 만든 가구는 역시 튼튼하다.
(   )
12) 나는 백금 반지를 끼고 다닌다.
(   )
13) 캠핑 갈 때는 꼭 우의를 준비해라.
(   )
14) 청산은 예나 지금이나 변함없는데…
(   )
15) 너도 입문하였다니 축하한다.
(   )

라. 다음 밑줄친 한자의 독음을 쓰시오.

본보기 : 부모님께 **孝道**를 하자.
(효도)

30) 四方을 둘러보아도 허허벌판만 보인다.
(   )
31) 工高를 졸업하니 취업이 잘 된다.
(   )
32) 이제 보니 長足의 발전을 하였구나.
(   )
33) 水力발전소에 한 번 가보았으면 좋겠다.
(   )
34) 어제 오후에 食口가 한 자리에 모였다.
(   )

마. 다음 훈음에 맞는 한자를 쓰시오.

본보기 : 효도 효 (孝)

35) 대　죽 (　　) 36) 각시　씨 (　　)

37) 신하 신 (　　) 38) 골　　곡 (　　)

39) 귀　　이 (　　) 40) 그칠 지 (　　)

41) 보일 시 (　　) 42) 벼　　화 (　　)

바. 다음 한자의 뜻이 상대되는 한자를 쓰시오.

본보기 : 上 ↔ 下

43) 子 ↔ ◯

44) 大 ↔ ◯

사. 다음 한자어의 뜻을 쓰시오.

본보기 : 孝道 (부모를 잘 섬기는 도리)

45) 走行 (　　　　　　　　　　)

아. 다음의 단어를 한자로 바꿔 쓰시오.

본보기 : 효도:부모를 잘 섬기는 도리(孝道)

46) 면도 : 얼굴에 난 잔털이나 수염을 깎
는 일　(　　　　　)

47) 토석 : 흙과 돌　　　(　　　　　)

자. 다음의　한자는 몇 획인가?

본보기 : 孝 : ⑦ 획

48) 身 : □　　획

차. 다음 물음에 맞는 답을 한자로 쓰시오.

본보기 : 부모를 잘 섬기는 도리를
(孝)(道) 라 한다.

49) 문필에 종사하는 사람을 (　　) (　　)
이라 한다.

50) 어버이날은 (　　) 月 (　　) 日 이다.

7급 기출 문제 모범 답안

■ 제1회 (☞ 31~32쪽)

1)대소 2)혈육 3)자신 4)일월 5)수족 6)부자 7)여자 8)인구 9)장녀 10)마력 11)面目 12)山川 13)入口 14)日月 15)雨衣 16)혀설 17)흙토 18)내천 19)나무목 20)흰백 21)다섯오 22)비우 23)힘력 24)물수 25)두이 26)쇠금 27)작을소 28)피혈 29)달월 30)사촌 31)마차 32)자생 33)삼사 34)생일 35)大 36)門 37)五 38)自 39)七 40)衣 41)乙 42)犬 43)小 44)川 45)3 46)耳目 47)入山 48)4 49)手足 50)四方

■ 제2회 (☞ 33~34쪽)

1)이목 2)목수 3)자력 4)옥색 5)입문 6)인문 7)심혈 8)대소 9)석공 10)부자 11)雨衣 12)靑山 13)入口 14)自足 15)面目 16)사람인 17)흙토 18)내천 19)쇠금 20)털모 21)다섯오 22)설립 23)창과 24)벼화 25)두이 26)수레거.수레차 27)볼견 28)콩두 29)대죽 30)사촌 31)생일 32)자생 33)고견 34)마차 35)止 36)氏 37)甘 38)山 39)臣 40)門 41)米 42)又 43)木 44)川 45)산과내 46)血肉 47)食用 48)4획 49)七夕 50)手足

■ 제3회 (☞ 35~36쪽)

1)각목 2)장신 3)화력 4)입금 5)고견 6)청색 7)호구 8)자족 9)양모 10)백미 11)山川 12)入手 13)水面 14)行方 15)雨衣 16)대죽 17)아버지부 18)말씀언 19)가로왈 20)새조 21)혀설 22)도끼근 23)화살시 24)글월문 25)말두 26)밭전 27)여섯륙(육) 28)골곡. 29)비우 30)이목 31)사촌 32)육식 33)석공 34)목마 35)用 36)門 37)乙 38)長 39)里 40)示 41)耳 42)支 43)川.江 44)小 45)그사람.자신 46)金石 47)甘言 48)7획 49)心血 50)十. 九

■ 제4회 (☞ 37~38쪽)

1)자족 2)입금 3)이장 4)호주 5)노인 6)옥색 7)간과 8)입문 9)김씨 10)화목 11)入口 12)自立 13)水面 14)四方 15)靑山 16)두이 17)힘력 18)긴장 19)신하신 20)혀설 21)말이을이 22)다섯오 23)흙토 24)소우 25)달월 26)밭전 27)골곡 28)긴장 29)아버지부 30)석공 31)사촌 32)생일 33)남방 34)이목 35)長 36)耳 37)主 38)七 39)香 40)乙 41)己 42)臣 43)川 44)大 45)먹을 것에 쓰다 46)金石 47)生日 48)4 49)方 50)高見

■ 제5회 (☞ 39~40쪽)

1)부자 2)여자 3)인구 4)장녀 5)마력 6)대소 7)혈육 8)자신 9)일월 10)수족 11)面目 12)山川 13)入口 14)日月 15)雨衣 16)힘력 17)물수 18)두이 19)쇠금 20)작을소 21)피혈 22)달월 23)혀설 24)흙토 25)내천 26)나무목 27)흰백 28)다섯오 29)비우 30)자생 31)삼사 32)마차 33)생일 34)사촌 35)七 36)衣 37)乙 38)犬 39)大 40)門 41)五 42)自 43)小 44)川 45)3 46)入山 47)耳目 48)4 49)四方 50)手足

7급 예상 문제 모범 답안

■ 제1회 (☞ 41~42쪽)

1) 청산 2) 공고 3) 궁시 4) 심혈 5) 을지 6) 입금 7) 십리 8) 입석 9) 유월 10) 문신 11) 馬車 12) 白玉 13) 長女 14) 走行 15) 肉身 16) 달 감 17) 아닐 비 18) 견줄 비 19) 옷 의 20) 빛 색 21) 보일 시 22) 혀 설 23) 밭 전 24) 마디 촌 25) 털 모 26) 벼 화 27) 골 곡 28) 귀 이 29) 그칠 지 30) 사방 31) 화목 32) 자력 33) 식구 34) 생수 35) 斤 36) 氏 37) 米 38) 用 39) 夕 40) 雨 41) 言 42) 羊 43) 足 44) 小 45) 사람의 키 46) 父子 47) 魚貝 48) 7 49) 七面鳥 50) 四大門

■ 제2회 (☞ 43~44쪽)

1) 칠석 2) 삼촌 3) 비행 4) 수족 5) 장어 6) 백의 7) 우마 8) 을지 9) 호구 10) 대문 11) 女子 12) 角木 13) 雨水 14) 山川 15) 自身 16) 마을 리 17) 활 궁 18) 마음 심 19) 각시 씨 20) 조개 패 21) 푸를 청 22) 쓸 용 23) 달릴 주 24) 쌀 미 25) 대 죽 26) 말 두 27) 말씀 언 28) 설 립 29) 화살 시 30) 혈육 31) 입금 32) 화식 33) 양모 34) 인력거 35) 甘 36) 工 37) 舌 38) 曰 39) 耳 40) 小 41) 示 42) 止 43) 月 44) 戈 45) 어떤 장소나 지역이 있는 방향 46) 玉色 47) 高見 48) 4 49) 牛, 毛 50) 石, 鳥

■ 제3회 (☞ 45~46쪽)

1) 장족 2) 수공 3) 십리 4) 팔방 5) 어패 6) 자기 7) 입력 8) 간지 9) 소신 10) 구설 11) 非行 12) 竹刀 13) 高見 14) 父女 15) 耳目 16) 또 우 17) 고기 육 18) 눈 목 19) 개 견 20) 선비 사 21) 콩 두 22) 설 립 23) 흙 토 24) 문 문 25) 비 우 26) 저녁 석 27) 지게 호 28) 양 양 29) 도끼 근 30) 식언 31) 삼촌 32) 혈색 33) 백마 34) 김씨 35) 角 36) 斗 37) 弓 38) 車 39) 鳥 40) 田 41) 衣 42) 七 43) 川 44) 火 45) 나무와 돌 46) 人面 47) 手足 48) 8 49) 自立 50) 四寸

■ 제4회 (☞ 47~48쪽)

1) 수력 2) 장신 3) 감언 4) 우각 5) 간지 6) 오목 7) 양모 8) 어패 9) 칠석 10) 화목 11) 三月 12) 面刀 13) 四寸 14) 心血 15) 馬車 16) 글월 문 17) 개 견 18) 신하 신 19) 옷 의 20) 내 천 21) 말 두 22) 아닐 비 23) 가로 왈 24) 골 곡 25) 여섯 륙 26) 새 을 27) 작을 소 28) 여덟 팔 29) 밭 전 30) 생일 31) 일견 32) 자기 33) 대문 34) 백금 35) 玉 36) 用 37) 鳥 38) 竹 39) 耳 40) 米 41) 戈 42) 里 43) 女 44) 足 45) 동물의 고기를 먹음 46) 入門 47) 走行 48) 8 49) 十, 十 50) 石工

■ 제5회 (☞ 49~50쪽)

1) 삼각 2) 자기 3) 혈육 4) 대마 5) 신행 6) 사촌 7) 칠석 8) 여대 9) 김씨 10) 입식 11) 力走 12) 白衣 13) 高手 14) 父子 15) 小食 16) 아홉 구 17) 도끼 근 18) 쌀 미 19) 그칠 지 20) 지게 호 21) 새 을 22) 볼 견 23) 밭 전 24) 방패 간 25) 창 과 26) 글월 문 27) 가로 왈 28) 물고기 어 29) 지탱할 지 30) 석공 31) 화차 32) 목공 33) 청산 34) 방면 35) 舌 36) 谷 37) 非 38) 貝 39) 禾 40) 示 41) 比 42) 用 43) 矢 44) 月 45) 남들의 주의 46) 羊毛 47) 人心 48) 6 49) 長子 50) 十長生

■ 제6회 (☞ 51~52쪽)

1) 문신 2) 청색 3) 금석 4) 유월 5) 감언 6) 궁시 7) 비행 8) 화목 9) 간지 10) 소도 11) 八方 12) 衣食 13) 四面 14) 手工 15) 生水 16) 말 두 17) 도끼 근 18) 벼 화 19) 쌀 미 20) 조개 패 21) 쓸 용 22) 마디 촌 23) 그칠 지 24) 보일 시 25) 설 립 26) 혀 설 27) 아버지 부 28) 개 견 29) 양 양 30) 인력거 31) 장어 32) 백인 33) 죽마 34) 자신 35) 見 36) 夕 37) 足 38) 比 39) 戶 40) 氏 41) 心 42) 走 43) 川 44) 女 45) 높고 큼 46) 入口 47) 血肉 48) 11 49) 生食 50) 十, 三

■ 제7회 (☞ 53~54쪽)

1) 입구 2) 삼촌 3) 이목 4) 백금 5) 화차 6) 방면 7) 감언 8) 청죽 9) 양모 10) 간과 11) 土木 12) 食水 13) 長身 14) 子女 15) 馬力 16) 여덟 팔 17) 여섯 륙 18) 지탱할 지 19) 새 조 20) 고기 육 21) 스스로 자 22) 새 을 23) 조개 패 24) 벼 화 25) 도끼 근 26) 골 곡 27) 아홉 구 28) 보일 시 29) 구슬 옥 30) 이목 31) 석산 32) 주행 33) 생부 34) 사각 35) 見 36) 米 37) 文 38) 工 39) 矢 40) 八 41) 舌 42) 雨 43) 月 44) 足 45) 문하에서 가르침을 받는 사람 46) 心血 47) 犬馬 48) 11 49) 小臣 50) 七夕

■ 제8회 (☞ 55~56쪽)

1) 소인 2) 대문 3) 목석 4) 수력 5) 간지 6) 이목 7) 우마 8) 비행 9) 칠석 10) 입신 11) 十里 12) 白玉 13) 長女 14) 三角 15) 方面 16) 화살 시 17) 흙 토 18) 개 견 19) 쓸 용 20) 신하 신 21) 도끼 근 22) 견줄 비 23) 수레 거 24) 말 두 25) 몸 기 26) 그칠 지 27) 밭 전 28) 활 궁 29) 콩 두 30) 생식 31) 혈육 32) 입금 33) 수족 34) 감언 35) 氏 36) 貝 37) 土 38) 五 39) 又 40) 衣 41) 日 42) 刀 43) 子(女,母) 44) 川(水) 45) 푸른 빛 46) 戶口 47) 四寸 48) 7 49) 高見 50) 火山

■ 제9회 (☞ 57~58쪽)

1) 입문 2) 고견 3) 인문 4) 목수 5) 대소 6) 화차 7) 석공 8) 생부 9) 어패 10) 우의 11) 面目 12) 白日 13) 自身 14) 羊毛 15) 玉色 16) 여섯 륙 17) 혀 설 18) 쌀 미 19) 벼 화 20) 푸를 청 21) 두 이 22) 대 죽 23) 쇠 금 24) 달릴 주 25) 귀 이 26) 발 족 27) 화살 시 28) 가로 왈 29) 다섯 오 30) 사방 31) 간지 32) 팔촌 33) 수력 34) 식구 35) 鳥 36) 示 37) 乙 38) 戈 39) 肉 40) 長 41) 里 42) 又 43) 子 44) 川(水) 45) 쇠뿔 46) 甘言 47) 行馬 48) 6 49) 心血 50) 十, 九

■ 제10회 (☞ 59~60쪽)

1) 우양 2) 십간 3) 장녀 4) 백의 5) 심혈 6) 석식 7) 자력 8) 부자 9) 옥색 10) 이목 11) 靑山 12) 入口 13) 肉身 14) 自足 15) 一寸 16) 볼 견 17) 설 립 18) 도끼 근 19) 칼 도 20) 수레 거 21) 흙 토 22) 내 천 23) 지탱할 지 24) 콩 두 25) 말 두 26) 달릴 주 27) 보일 시 28) 털 모 29) 창 과 30) 삼각 31) 비행 32) 목마 33) 유월육일 34) 석공 35) 門 36) 氏 37) 鳥 38) 用 39) 比 40) 止 41) 雨 42) 甘 43) 小 44) 火 45) 그 사람 자신 46) 文臣 47) 金石 48) 9 49) 手足 50) 四方

■ 제11회 (☞ 61~62쪽)

1) 심혈 2) 자녀 3) 어육 4) 백금 5) 양모 6) 이목 7) 감언 8) 고토 9) 문신 10) 팔월 11) 雨衣 12) 身長 13) 水面 14) 山川 15) 牛角 16) 들 입 17) 볼 견 18) 골 곡 19) 문 문 20) 푸를 청 21) 아닐 비 22) 달릴 주 23) 화살 시 24) 혀 설 25) 새 조 26) 다섯 오 27) 각시 씨 28) 지탱할 지 29) 여섯 륙 30) 사촌 31) 화전 32) 석궁 33) 마차 34) 자생 35) 比 36) 豆 37) 貝 38) 止 39) 九 40) 行 41) 色 42) 立 43) 足 44) 戈 45) 먹을 것에 씀 46) 人力 47) 一方 48) 7 49) 小子 50) 木工

■ 제12회 (☞ 63~64쪽)

1) 삼각 2) 여공 3) 간과 4) 죽도 5) 화차 6) 인심 7) 산천 8) 팔촌 9) 양모 10) 사월 11) 肉水 12) 木石 13) 長子 14) 走行 15) 白鳥 16) 일곱 칠 17) 말 두 18) 아닐 비 19) 저녁 석 20) 혀 설 21) 피 혈 22) 지게 호 23) 개 견 24) 쓸 용 25) 마을 리 26) 몸 신 27) 또 우 28) 아버지 부 29) 구슬 옥 30) 대마 31) 면목 32) 소식 33) 고견 34) 자립 35) 生 36) 比 37) 示 38) 止 39) 門 40) 支 41) 谷 42) 耳 43) 足 44) 矢 45) 문관인 신하 46) 雨衣 47) 靑魚 48) 8 49) 方言 50) 入力

■ 제13회 (☞ 65~66쪽)

1) 청어 2) 일월 3) 십간 4) 김씨 5) 여고 6) 죽마 7) 양모 8) 우의 9) 칠석 10) 팔촌 11) 三面 12) 入口 13) 心血 14) 耳目 15) 食水 16) 지탱할 지 17) 또 우 18) 활 궁 19) 뿔 각 20) 흰 백 21) 달 감 22) 여섯 륙 23) 아홉 구 24) 볼 견 25) 혀 설 26) 그칠 지 27) 새 을 28) 다섯 오 29) 넉 사 30) 석공 31) 부자 32) 육신 33) 화력 34) 비행 35) 里 36) 色 37) 比 38) 木 39) 鳥 40) 米 41) 牛 42) 戶 43) 川 44) 小 45) 스스로 만족함 46) 用言 47) 長文 48) 7 49) 人士 50) 北方

■ 제14회 (☞ 67~68쪽)

1) 혈육 2) 방면 3) 을지 4) 수족 5) 청색 6) 생부 7) 주행 8) 팔촌 9) 칠석 10) 양모 11) 水門 12) 白米 13) 女子 14) 六十 15) 長魚 16) 조개 패 17) 말씀 언 18) 방패 간 19) 달 감 20) 도끼 근 21) 말 두 22) 대 죽 23) 가로 왈 24) 들 입 25) 내 천 26) 벼 화 27) 밭 전 28) 활 궁 29) 구슬 옥 30) 화목 31) 오목 32) 토석 33) 심신 34) 식구 35) 舌 36) 犬 37) 臣 38) 己 39) 用 40) 立 41) 示 42) 谷 43) 小 44) 月 45) 제 힘 46) 文人 47) 四角 48) 6 49) 牛馬車 50) 白金

■ 제15회 (☞ 69~70쪽)

1) 문신 2) 심혈 3) 육우 4) 목석 5) 청어 6) 십리 7) 궁시 8) 수공 9) 마차 10) 화전 11) 八方 12) 竹刀 13) 三寸 14) 七面鳥 15) 生水 16) 볼 견 17) 내 천 18) 혀 설 19) 옷 의 20) 힘 력 21) 달 감 22) 아닐 비 23) 말 두 24) 뿔 각 25) 쓸 용 26) 지게 호 27) 다닐 행 28) 콩 두 29) 설 립 30) 토인 31) 간지 32) 자신 33) 장족 34) 입문 35) 六 36) 禾 37) 走 38) 玉 39) 色 40) 毛 41) 貝 42) 耳 43) 女 44) 月 45) 큰 물고기 46) 五目 47) 高手 48) 10 49) 山羊 50) 食口

■ 제16회 (☞ 71~72쪽)

1) 패옥 2) 주행 3) 십간 4) 여고 5) 방촌 6) 토목 7) 이목 8) 소신 9) 입구 10) 일생 11) 食水 12) 父子 13) 人士 14) 五角 15) 山川 16) 수레 거 17) 화살 시 18) 아닐 비 19) 푸를 청 20) 견줄 비 21) 밭 전 22) 벼 화 23) 새 조 24) 개 견 25) 여섯 륙 26) 저녁 석 27) 골 곡 28) 창 과 29) 글월 문 30) 혈육 31) 입금 32) 백인 33) 사대문 34) 석공 35) 衣 36) 面 37) 見 38) 毛 39) 羊 40) 用 41) 又 42) 色 43) 月 44) 足 45) 자기.제몸 46) 長魚 47) 馬力 48) 5 49) 食言 50) 白米

■ 제17회 (☞ 73~74쪽)

1) 문신 2) 수력 3) 심혈 4) 오색 5) 어육 6) 대궁 7) 입구 8) 견마 9) 소신 10) 행장 11) 靑山 12) 石工 13) 高手 14) 面目 15) 四寸 16) 옷 의 17) 그칠 지 18) 콩 두 19) 저녁 석 20) 벼 화 21) 지게 호 22) 흙 토 23) 말 두 24) 양 양 25) 견줄 비 26) 아홉 구 27) 몸 기 28) 귀 이 29) 각시 씨 30) 을지 31) 입금 32) 화식 33) 인력거 34) 죽도 35) 里 36) 角 37) 甘 38) 鳥 39) 足 40) 谷 41) 用 42) 舌 43) 女 44) 戈 45) 쇠털 46) 土木 47) 自白 48) 7 49) 五, 八 50) 一金

■ 제18회 (☞ 75~76쪽)

1) 공대 2) 우목 3) 청색 4) 대문 5) 고견 6) 사촌 7) 자기 8) 을지 9) 문신 10) 유월 11) 肉身 12) 白衣 13) 石山 14) 小心 15) 七夕 16) 조개 패 17) 아닐 비 18) 물고기 어 19) 달릴 주 20) 구슬 옥 21) 긴 장 22) 각시 씨 23) 쇠 금 24) 개 견 25) 활 궁 26) 내 천 27) 또 우 28) 날 생 29) 흙 토 30) 수면 31) 행방 32) 자녀 33) 십리 34) 입수 35) 火 36) 舌 37) 血 38) 甘 39) 雨 40) 鳥 41) 用 42) 斗 43) 月 44) 足 45) 음식을 적게 먹음 46) 衣食 47) 角木 48) 8 49) 竹刀 50) 土人

■ 제19회 (☞ 77~78쪽)

1) 여자 2) 청색 3) 우의 4) 혈육 5) 오목 6) 자행 7) 간지 8) 우양 9) 소신 10) 칠석 11) 高見 12) 山川 13) 四寸 14) 入口 15) 白車 16) 대 죽 17) 그칠 지 18) 골 곡 19) 또 우 20) 글월 문 21) 쌀 미 22) 조개 패 23) 콩 두 24) 창 과 25) 마을 리 26) 여섯 륙 27) 물고기 어 28) 활 궁 29) 벼 화 30) 생일 31) 목공 32) 삼각 33) 대문 34) 십장생 35) 鳥 36) 田 37) 玉 38) 用 39) 曰 40) 舌 41) 比 42) 非 43) 心 44) 足 45) 흙과 돌 46) 一面 47) 力走 48) 10 49) 火木 50) 十, 八

■ 제20회 (☞ 79~80쪽)

1) 혈육 2) 우각 3) 인문 4) 간지 5) 삼촌 6) 마차 7) 생부 8) 어패 9) 양모 10) 감언 11) 木手 12) 白金 13) 雨衣 14) 靑山 15) 入門 16) 창 과 17) 내 천 18) 또 우 19) 견줄 비 20) 혀 설 21) 아닐 비 22) 쓸 용 23) 밭 전 24) 새 조 25) 말 두 26) 볼 견 27) 설 립 28) 마을 리 29) 새 을 30) 사방 31) 공고 32) 장족 33) 수력 34) 식구 35) 竹 36) 氏 37) 臣 38) 谷 39) 耳 40) 止 41) 示 42) 禾 43) 女 44) 小 45) 달음질하여 감 46) 面刀 47) 土石 48) 7 49) 文人 50) 五, 八